CHUAN TONG ZHI HUI CONG SHU
SHAO NIAN ZHI MOU 52 ZE

传统智慧丛书

宋效永 主编

少年智谋52则

陆荣 著

黄山书社

52

主编的话

人类社会的进展，总是从低级到高级，从野蛮到文明，从无知到有知，从愚蠢到聪明。在人类社会的进展中，智慧起着不可估量的作用。我们且不说火的发现、文字的创造这些推动人类进化的重要步骤是人类智慧的闪现，就是我们至今仍然赞叹不已的古埃及金字塔、中国万里长城等，不都是人类社会发展过程中聪明才智的有形展现吗？因此，我们可以说，人类社会的发展历史，也就是人类文明的进化史；而人类文明的进化史，就某种程度上来说，也就是人类智慧的进化史、发展史。

中华民族是一个智慧的民族，中国是一个智慧大国。就世界范围来说，有文字的历史记载，以中国最为丰富。翻开历史，不仅有造纸术、火药、印刷术、指南针等等这些智慧物化的有形成果令您惊叹而自豪,而更多的则是那些表现于一时一地、一事一境中的无形智慧,更会让您激动不已。它们或表现于政治斗争,或表现于军事行动;或表现于思想行为,或表现于日常生活;或表现于平凡的言行,或表现于论辩的高瞻远瞩;或表现于帝王对统驭术的娴熟运用,或表现于王公大臣的谋略谋划;或表现于文人才士的言语戏谑,或表现于青少年学子的聪明颖悟。其中有对国家、人心的征服,有对自然现象的认识,有对事物发展的预见,有对安身立命的探讨。这些智慧的表现,就是在今天,也仍然为人们所欣赏、所称赞、所佩服、所喜欢。而这,也就是这套《传统智慧丛书》策划、缘起的理由之一。

这套《传统智慧丛书》共收《决胜谋略66计》、《军政要术42章》、《高识卓见59策》、《少年智谋52则》、《智者幽默62篇》五本,是一个具有内在联系的智慧系统。这些智慧故事,主要材料来源于二十五史、文学名著、古代之笔记杂记。阅读这些故事,您不仅会为古人那敏锐的观察力、雄辩的口才、过人的胆识、神奇的预见所折服,也会为其中的奇谋良策、锦囊妙计、滑稽风趣所倾倒。这些故事,熔知识性、趣味性、故事性于一炉,向您展现出一个智慧纷呈的奇妙天地,引导您进入那神奇的智慧之宫。

宋效永

目录

前言

古老的中华民族是一个充满智慧的民族，在历史发展的长河里，曾涌现出一批又一批的智慧人才。智慧是不受年龄限制的，何况"自古英雄出少年"。在青少年中，由于天资过人、勤奋学习，而表现出超人智慧者实在数不胜数。

智慧源于人们的头脑，它也通过人们的言行表现出来。本书所收的青少年聪敏颖悟故事，有的在政治上表现出过人的洞察力，有的在文章诗词上表现出惊人的才华，有的则表现出在为人处世上超常的机智。譬如，甘罗在错综复杂的政治环境中，以敏锐的观察力、雄辩的口才、过人的胆识，成功地解决了成年人难以解决的棘手的外交问题。他年仅十二岁便被秦王封为上卿，这不仅在中国，就是在世界历史上也绝无仅有；白居易少年作诗，一句“野火烧不尽，春风吹又生”，便奠定了他在唐代诗坛上的地位；司马光急中生智，破缸救人，至今被人们传为佳话；徐文长沉着机智，善于解决各种难题，处处显露出他过人的聪敏……这些少年所表现出的智慧，应当说，是中华民族智慧宝库中的奇葩，也是人类宝贵的精神财富。

本书搜集的故事，多出于正史，兼采撷于稗史、笔记。这些故事不仅情节生动、妙趣横生，而且富于哲理、耐人寻味。相信它会给您以启发，有助于改进您的思维，提高您的应变能力。

第 1 则

鲍家小儿论天

战国时期，齐国的大贵族田氏，权倾朝野，资财雄厚，是一个声名显赫、众人仰望、具有特殊身份的人。田氏认为，田氏家族之所以人丁兴旺、财大气粗，肯定是得到了列祖列宗在天之灵的保佑。因此，每年腊月，田氏都要举行盛大、隆重的祭祖活动。

田氏的身份高贵，在社会上又特别有地位，祭祖时派头十足，每次祭祖活动，他起码邀请一千多位高朋嘉宾，来参加祭祀、宴会等活动。人们也以受到田氏的邀请为荣。

这一年，田氏隆重祭祀祖先的活动结束后，照例在大堂上设宴招待所有来宾。

坐在主人席上的田氏，踌躇满志，兴致极高。他一面殷勤地招呼来客用酒用菜，一面看着堆放在大堂上小山一样的鲜鱼、肥鹅——这些都是来宾们献上的礼品，不禁感慨地对大家说：“上天对我们这些小民，真是照顾得无微不至，处处周到啊！你们看，它繁殖出五谷，供给我们吃饱肚子；它生育出猪羊鱼禽，我们可以尽情享受口福。”说到这里，田氏用手轻轻地拍了拍自己凸起的腹部，看了看大家，继续说，“我们一辈子要吃掉多少东西，我们不能不感谢可敬的上天啊！”

济济一堂的宾客，凝神屏息地听了田氏的一番高论，纷纷点头附和，表示赞成。

这时，一位来宾站起来，清了清嗓子，大声说：“田大人说得太好了，说出了我们心里想说的话。上天如此眷顾我们，我们只有更加敬畏上天才是。田大人供给我们衣食，对我们有再生之恩，我们感恩戴德绝不会忘记。为了报答田大人，不论什么时候，只要田大人用得着我，就是赴汤蹈火，我也在所不辞！”说着，他抱拳向田大人拱拱手。

这个宾客一番话，直说得田氏眯起一双小眼睛，乐呵呵地直笑。宾客又是一片叽叽喳喳的附和声。

在最角落的一个位子上，坐着鲍家只有十二岁的儿子。这个少年额头隆起，一双明亮清澈的大眼睛，不停地转动着，一看就知道是一个秀于内而慧于外的聪明人。本来今天轮不到他来这里参加宴会，因为鲍家也送了礼，父亲又外出没能赶回来，儿子就被邀请代替父亲来田家做客。他还小，谁也没有注意到他。

这时，只见他站起来，不慌不忙地说：“我不赞成田大人的说法。”

真是一语惊人！人们的眼光不约而同地一齐投向了他。鲍家儿子没有注意到这些，继续说道：“天地间的万物和人，都是共同生存的，只是各成一类罢了。人只能算是万物中的一个种类而已。种类与种类之间，谈不上有贵贱之分，高低之别，只是根据体力大小与智力不同，而相互制约，弱肉强食，这里面并不存在谁来安排谁、谁为谁生的道理。”鲍家小儿说到这儿，用目光扫视了一下众人，大堂里静极了，连跑来跑去上酒上菜的佣人也停了下来，站在一边，静静地听着。

鲍家小儿越说越有劲：“人类选择可以吃的东西做食物，难道是上天特意眷顾人类、而将这些食物特意创造出来的吗？如果说上天有意识，那它就会像人一样，有思考问题的‘心’，有谁能说出上天的‘心’在什么地方吗？如果按田大人所说，万物是上天专为人类创造，生来就给人吃的话，那么，蚊子、臭虫吸人血，虎、狼吃人肉，这也是上天特意生出人来，给它们做食物的吗？”

鲍家小儿一席话，仿佛是向热油锅里丢了一把盐，顿时炸开了锅。宾客中有赞成的，有反对的，大家议论纷纷。

田氏内心虽不高兴，但他老于世故，心想：犯不着去和这个小孩子计较，更不能因此而影响到宴会的气氛。于是，他嘿嘿地笑了两声，表情尴尬地说：“大家吃吧，吃吧！我们今天不谈这个了。”

来宾私下里却对鲍家小儿的勇气和见识赞叹不已。

在科学并不昌明的时期，只有十二岁的鲍家小儿，竟能比较正确地认识到天人之间的关系，否认上天有知觉，否认上天对人类的特殊眷顾；而人之所以能在万物之上，是因为人有智慧，有力量，人与自然万物是共生共存，互相依赖的。这种见识实在是难能可贵。

第2则

甘罗年十二官拜上卿

群雄并起、政治纷争的战国时期，为各种具有智慧才能的人提供了广阔的空间。秦国的甘罗小小年纪就卓然超群，跻身于策士行列。由于他对秦国的特殊贡献，被秦王封为上卿（一种高级爵位）。这不仅是在战国时期，就是翻遍中国的史书，这样的事也是绝无仅有的。

甘罗祖父甘茂曾是秦国的名将、丞相，他被人诬陷，逃往国外，后客死魏国，财产被秦国政府没收。聪明过人的甘罗，从小在祖父身边生活，有机会接触形形色色的人物，在他十二岁时，成了相国吕不韦的一个门客。

经过商鞅以来一百多年的奖励耕战、开疆拓土，秦国成了雄视中原，令东方各国感到震惊的强大国家。战国末年，秦国凭借强大的实力，明显加快了兼并六国的步伐。

秦王(即后来的秦始皇)与相国吕不韦，制订了夺取赵国河间之地(今河北献县一带)的目标。而利用燕国的力量，两面夹击赵国，则是最好的方略。于是，秦与国小力弱的燕国达成一个协议：燕太子丹来秦国做人质，秦国派张唐去燕国当相国。燕王虽然内心不情愿，但出于无奈，只好同意秦国的安排。

张唐却喜忧参半。喜的是：沙场血战，奋斗一生，终于得到梦寐以求的相国之职。忧的是：去燕国必须穿越赵国，但赵国君臣对张唐恨之入骨，因为张唐曾率军攻打过赵国，赵国以“百里之地”作为赏额，要张唐的脑袋。这次经过赵国，岂不是自投罗网？因此，考虑再三，他宁可割爱相国之职，也不愿冒此风险。于是，张唐向吕不韦表示不能去，然后称病，不再出家门一步。

吕不韦亲自上门，几次三番地劝说张唐，都没有结果。吕不韦此时在秦国正处于权力顶峰之际，一向说一不二。但在张唐面前却碰了几次钉子，为此，心中怏怏不乐。

甘罗了解到这些情况后，这天佯装不知地对吕不韦说：“国相这几天似乎很不愉快，是身体不适，还是有什么不开心的事?”

吕不韦平时对甘罗就很疼爱，听到甘罗这样亲切地询问，忧郁的脸上露出喜悦之色。他对甘罗说：“我对燕国的外交攻势，取得了极大的成功。可张唐不知好歹，不愿前往燕国去当相国，为此，我心里有点不舒畅。”

“噢，原来是这么回事。当相国可是件光宗耀祖的事啊！相国，让我来说服他尽快地去赴任。”甘罗显得十分自信，微笑着说。

“你去？我已亲自找过他几次了，他都不愿意去，你一个小孩，他会买你的账?”吕不韦不无吃惊地望着甘罗说。

甘罗不服气地对吕不韦说：“项橐七岁不就做了孔子的老师么？我已经十

二岁啦,怎么就不能去试试?”

吕不韦见甘罗如此自信,说话机辩,态度诚恳,于是点头同意。

甘罗立即去见张唐,寒暄几句后,很快话入正题。甘罗说:“先生的功劳跟白起比,哪个大?”白起是秦昭王时的名将,曾率秦军击败过韩、赵、魏、楚,为秦国夺得大片土地,被秦昭王封为武安君。张唐也曾是白起的部下。

张唐怀着对白起的崇敬,说:“武安君南征北战,战必胜,攻必克,获得的城池不计其数。我的功劳怎么可以与他相比呢?不能比,不能比。”

甘罗又问道:“秦昭王时的相国范雎,跟我们现在的吕相国相比,哪一个更受到国王的信任,哪一个更有权力?”

张唐不假思索地说:“当然是范相国不如吕相国了。”

甘罗接着说:“既然您有自知之明,知道自己的功劳远不如白起,而您也知道吕相国的权力超过了当年的范雎,那么,我可以明白地告诉您,您现在已经大难临头了。”

张唐迷惑不解,但火气直冒地说:“你一个小孩子家,胡说八道什么!”

“您听我说完。”甘罗看着张唐的脸,从容不迫地说:“范雎当时决定攻打赵国,而白起不赞成,范雎一怒之下,就把白起赶出咸阳,结果白起被逼自杀。这件事,您不是知道得很清楚吗?如今,吕相国三番五次请您去执掌燕国的相印,这样一件风光的事,而您却推三阻四,抗命不去。我真不知道您为什么会这样执迷不悟。如果吕相国一发怒,您岂不是……”甘罗看到张唐的神色大变,冷汗涔涔,余下的话就没有再说了。

张唐连忙站起身来,对甘罗说:“是我脑筋没开窍。您这一说,提醒了我。聪明一世,糊涂一时啊!我现在就去找吕相国,准备去燕国。”

张唐被甘罗说服了,吕不韦十分高兴,认为甘罗虽小,智谋出众,才堪大用,于是把甘罗推荐给秦王。

秦王召见甘罗，两人交谈得十分投机。秦王所问的事，甘罗从容自若地对答如流。秦王见甘罗少年英俊，十分喜爱，为秦国有这样的少年英才而十分高兴。

甘罗向秦王提出，自己要去赵国为张唐借条路。秦王便问他："你如何去跟赵王说呢？"

甘罗胸有成竹地对秦王说："现在哪能说得准呢。说话就像水中的波浪，应随着风向而转。到时我见机行事，保证不辱王命。"

秦王听他说得有理，于是给了他十辆车，一百个随从，派甘罗作为秦国的使节，前往赵国。

赵悼襄王得知甘罗作为秦国的使者来赵国，不敢怠慢，于是亲自出城二十里，十分隆重地将甘罗迎进皇宫。

"燕太子丹到秦国去做人质的事，您知道吗？"落座后，甘罗便开门见山地说。

"听说了。"赵王回答。

"张唐要去燕国任相国的事听说了吗？"甘罗接着又问了一句。

"也听说了。"赵王不知甘罗的葫芦里究竟装的是什么药。

甘罗故意慢慢地对赵王说："这两件事情意味着什么，赵国知道吗？"甘罗见赵王不露声色地听着，继续说，"这表明秦、燕之间，彼此相互信任，真诚合作。这样一来，您赵国可危险了。"赵王一愣，甘罗话锋一转，"事情还未到不可挽救的地步。秦、燕结盟，据我所知，秦王只不过是想得到河间之地而已。这河间之地，与秦国利益攸关，秦王将不惜大动干戈，势在必争。以您赵国的力量，能挡得住秦国的兵锋吗？与其挡不住，您不如卖个人情，把河间五城送给秦王。如果这样，我便负责说服秦王，解除秦、燕之间的同盟关系。秦、赵之间可以结成新的同盟。您虽失去河间五城，却可从国小力弱的燕国取得补偿，这种补偿要多少，您都会如愿以偿的，哪会仅仅只是五座城的补偿呢?”

赵王觉得甘罗的主意很对，也是为赵国着想。于是赵王与大臣商量，尽管有人反对这样做，但赵王认为这笔交易很合算：失去的土地可以从燕国得到补偿，赵、秦通好，赵国的安全才有保障。

于是赵王下令将河间五城割让给秦国，秦国送回燕太子丹，秦、燕联盟瓦解。赵国乘机发兵，挥师直指燕国上谷（今河北中部、西北部）地区，很快占领了燕国的三十座城池。但赵国不敢独吞，又白白送给秦国十一城，作为秦、赵联盟，赵国拿出来的见面礼。

秦国不费一兵一卒，轻而易举地获得了垂涎已久的河间五城和上谷十一城，从而有了更为有利的战略地位。

甘罗的聪明才智，深得秦王赏识，秦王把先前甘茂的封地、房屋如数赏赐给他，并封他为上卿。

第

3

则

缇萦救父

汉文帝刘恒时期，山东临淄有个挂牌行医的乡村郎中淳于意。当他为一个商人的妻子治病时，这位女子病情突然恶化，抽筋不止，不治而死。淳于意一下子从座上客变成了“恶人”，商人状告到官府，地方官很快就以“庸医误人致死”的罪名了结此案。依据当时法律，淳于意被判处“肉刑”。当时的肉刑，是在犯人脸上刺字，或割去鼻子，或砍去一只脚，非常残忍。

说起淳于意行医，也是半路出家。他原本是地方政府一个管理仓库的小官员，闲暇无事时，喜欢看看医书，与行医的郎中谈谈医道，不久，也学会了一些治病的技术。周围的人病了，吃了他开的药，居然也治好了病，于是淳于意在周围一带，便有了点小名气。

淳于意在官场上的表现十分笨拙,他不会巴结上司,有时得罪了上司也不知道,因此,人到中年了,依然是个管仓库的小官。一次,上司来仓库检查,故意吹毛求疵,挑他的毛病。性情倔强的淳于意一气之下,辞职回乡,便做起郎中来了。

淳于意有五个女儿,他最钟爱的是小女儿缇萦。小姑娘不到十岁,不仅长得眉清目秀,而且聪明伶俐,善解人意。淳于意行医之余,也教她读书识字,心灵聪慧的缇萦,总是一学就会,长进很快。

淳于意要被押往长安行刑了。缇萦提出要跟着父亲一起去,父母都以她太小为理由,加以阻拦。缇萦撅着小嘴说:"跟着去,或许能有点用呢!一路上不也还可以照顾照顾父亲!"

父母拗不过缇萦的犟劲,只好同意她随父亲一起去长安。

当时,从临淄到长安的路程,全凭脚走,即使是晓行夜宿,抓紧赶路,也得要一个多月的时间。一路上,缇萦就不停地想,用什么办法才能救父亲?父亲要是受肉刑,家里人不仅要侍候他的生活,而且,心性高强的父亲,留下犯罪的印记,日后他又如何做人?

押解淳于意的差役看着不堪长途跋涉之苦而日益消瘦下去的小缇萦,似乎也动了恻隐之心。于是劝缇萦说:"不要难过了,没有人能救你的父亲,你就认命,想开些吧!"

缇萦倔强地说:"偌大的世界,真的没有人能救我父亲吗?"

"要说有,只有当今皇上能救你父亲。"差役露出无可奈何的表情。

一句话倒提醒了缇萦。对,法律是皇上制定的,只有皇上才能改变法律。于是,缇萦心里打好了直接去找皇上的主意。

一到长安,缇萦就请人代笔,自己口述,写成一纸状文,她自己捧着来到宫门外,恳请守门人转交给皇上。

守门人见缇萦小小年纪，为救父亲而如此心切，不避风险，也很受感动，于是将状文很快转到了汉文帝手中。

汉文帝是以代王的身份继承大统的。他在封国的生活，使他多少了解一些百姓的疾苦。他继位后不久，即取消了一人犯罪、全家受株连的“连坐法”，很得人心。汉文帝接到状文，只见上面写道：“我父亲淳于意，做官时勤勤恳恳地为皇家服务，老百姓说他是清官。这次，人家告他‘致死人命’被治了罪，将被处以肉刑。我做女儿的为父亲伤心：一旦受了肉刑，脸上刺字，便留下终身印记；割去鼻子，就不能再安上去；砍去脚，就一辈子成了残废。身体上的残损，心灵上的创伤，将一辈子抹不掉。我喊天，天不应；喊地，地也不应。我只有冒昧地恳求皇上给我父亲一个改过自新的机会。为了救父亲，我情愿到官府去做奴婢，以此来替父亲赎罪。”

这份状文写得情真意切，也说出了老百姓的心里话。汉文帝为缇萦小小年纪，有如此胆量见识而惊叹。看着状文，汉文帝渐渐有了主意。

第二天上朝议事时，大臣们都知道了缇萦上书的事，但却不知道皇上将如何处理。于是，他们一个个都看着汉文帝，不说话。

汉文帝对大臣们说：“对犯罪者实行处罚，天经地义。可是受处罚的人，只要不是死刑，也要让他生活下去，重新做人才是。目前施行的肉刑，伤损肢体，残害心灵，这样的刑罚怎么能劝人为善呢？你们商量一个既能代替肉刑，又能惩罚犯罪的办法吧！”汉文帝废除肉刑的态度十分明确。

大臣们共同商议，拟定了一个办法，以打板子代替肉刑。从此，废止了肉刑。尽管打板子这种刑罚还有不少的弊端，但比起割鼻子、砍脚来，总算是有了点进步。后来，这成了汉文帝实行德政的一个内容。

小缇萦大胆上书，救了自己的父亲，也使政府革除了一项弊政。

第

4

则

张汤审老鼠

京兆杜县(今陕西西安东南)人张汤,是汉武帝时期政坛上的活跃人物。他靠刑讯断狱起家,是一个有名的酷吏,为汉武帝打击政敌,推行政令,竭尽了打手之能事。

张汤从小就是一个非常聪明、机警的人,尤其在刑讯断狱方面,他从小就表现出了特殊的才能。当时,他的父亲是长安县丞(辅助县令管理文书、刑狱等)。有一次,父亲有事离家外出,临走时一再叮嘱张汤:一个人就在家玩,把门看好,把家里的物品看好。张汤满口答应。

可是父亲回来后,发现家里早上买的肉,竟被老鼠偷吃了。这肉是准备用来招待客人的,父亲责怪张汤没有把家看好,于是结结实实地把张汤痛打了一顿。

张汤感到十分委屈，痛定思痛，心想：罪魁祸首是老鼠，何不向老鼠兴师问罪，以解心头之恨。

原来张汤从小就与众不同，别的小孩一见到老鼠跑，或一听到老鼠叫，便吓得毛骨悚然。张汤不仅不怕老鼠，相反，倒是很喜欢逗老鼠玩。老鼠在洞里吱吱叫，张汤在洞外学着老鼠吱吱叫，由于张汤模仿老鼠的叫声几乎达到乱真的程度，因此，直引得老鼠往洞外跑。老鼠在屋里跑，张汤便跟在后面追，以此来取乐。

张汤这次要抓一只老鼠来治罪。他看准了墙角的老鼠洞，然后点燃一把潮树枝，让烟往洞里灌，嘴里还不停地学着老鼠“吱吱吱”的叫声。咦，还真灵！一会儿工夫，一只不堪烟熏的老鼠从洞里逃出来，张汤猛地一扑，捉住老鼠后把它关进了事先准备好的笼子里。

一不做，二不休。张汤又掘开洞穴，找到了一块被老鼠拖进洞里，还没有来得及吃完的残肉。这样，鼠赃俱获了。

张汤站直身子，拉长声调喊了声：“把盗窃犯鼠三带上公堂！”这一声喊，很像审案时衙役的吆喝声。

张汤又摆开几案，把鼠笼与残肉摆在几案的正前方，自己端坐在几案的后面，粗声粗气地说了声：“现在开堂审案！”张汤又当起了官。

张汤对着鼠笼，手一指，厉声喝道：“鼠贼！为什么要偷肉？偷了几块肉？从实招来！”

老鼠自然不懂人语，仍然在笼子里窜来窜去，毫无反应。

张汤右手往几案上一拍，煞有其事地说：“不怕鼠贼狡猾抵赖，我已直捣鼠穴，获取赃物在此。”说着，跑过去用树枝挑起那块残肉，在鼠笼前晃了两晃，说，“赃物在此，铁证如山，不容抵赖！”说完，张汤又坐回几案后面。

坐稳后，张汤又开了腔："鼠贼，你竟敢偷吃长安县丞家的肉，这不是在太岁头上动土吗？又如此顽固不化，于法该斩！"

接着张汤用手在几案上划了几下，像是写罪状，然后站起身来，以手捧着"罪状"，缓慢而有力地念道："重大盗窃案犯鼠三，竟敢在光天化日之下，偷盗主人财产，实在是胆大妄为，是可忍，孰不可忍！不杀不足以平民愤，不杀不能维护法律的尊严。现在我宣判：判处鼠三火刑，立即执行！"

说罢，张汤走到院子里，点燃一小堆干柴，然后伸手从笼子里抓住老鼠放在火上，老鼠挣扎了一会，烧死了。

张汤的父亲在里屋听到呵斥声，便隔着门帘不声不响地向外看。张汤刚刚自编、自导、自演的一幕，令他大为吃惊：张汤审鼠判案时的神态、言语，俨然是一个训练有素的老狱吏，简直不可思议。他这一手是从哪里学来的呢？张汤的父亲无法找到答案。

张汤收拾几案时，父亲掀开门帘走了进来。父亲以十分惊奇的口气对张汤说："汤儿，你干得漂亮极了！你完全像一个老狱吏。你是从哪里学来这一套刑讯断狱的方法？"

张汤看看父亲说："父亲，我是跟您学的呀！上次我去县衙署找您，正碰上您在审讯罪犯，我感到很好玩，就站在一边，看了好长时间哩。"

父亲又问了一句："汤儿，看来你对刑讯断狱的事很有兴趣？"

张汤眉毛一扬，说："没有什么事情比随心所欲支配人更刺激了。"

父亲看出了张汤的兴趣所在，于是，就让张汤学习法律，学习刑讯断狱的知识。

后来，张汤成了著名酷吏宁成的下属，从宁成身上学到了许多知识与经验，对宁成那一套"从严、从速、峻烈"的断狱方法运用娴熟，并有所发展。很快，张汤断狱的才能便超过了他的老师。

张汤成了汉武帝的忠实鹰犬。当时有个人叫颜异，担任着大司农的职务，他不满汉武帝的货币改制，但他老于世故，让人抓不住把柄。汉武帝要拿他开刀，于是张汤给颜异定了个“腹诽”（即内心反对）的罪名，将他处死，开创了历史上公然治“腹诽”罪的先例。

然而，对于修订增删西汉的法律，进一步完善法律制度，张汤也起过不小的作用。

第

5

则

曹操『中风』

曹操是东汉末年政坛上少有的一位博学多才、全能型的风云人物。曹操的小名叫阿瞒，少年时代就是一个善于随机应变、遇事肯动脑筋的人。

曹操利用家庭的显赫地位与雄厚资财，侠义豪爽，广交朋友，逐渐形成了一个以他自己为中心的小圈子。但少年时代的曹操并不十分爱读书，因此，被一些人视为不务正业。

曹操有位叔父，是一个典型的只读圣贤书的读书人，他总喜欢以自己的价值观念为标准来衡量、要求别人，有时不免显得有点迂腐。他认为曹操很聪明，但聪明应该用在读书上才是正道。而曹操却与一些狐朋狗友来来往往，实在是虚度年华，十分可惜。于是他以长辈的名义多次当面劝告曹操要珍惜光阴，多读圣贤之书，游荡无度只会败坏名声，影响前途，说得语重心长。但曹操把叔父的话看作是迂腐之见，因此不屑一顾，依然我行我素。

曹操的叔父便对曹操父亲曹嵩说："您是朝廷的大臣，而阿瞒却不务正业，小小年纪，尽结交一些不三不四的人，当心他走上邪路。出了乱子，影响曹家的声誉不说，肯定还会连累您啊！"

曹嵩一向认为儿子聪明伶俐，见识过人，胆大机警，也为此感到自豪。听老弟说得这么严重，作为父亲，当然对儿子的行为、声誉、前途负有重大责任，于是他把曹操喊到书房，对曹操严厉斥责，直说得曹操抬不起头来。

曹操对这位快嘴快舌、多次向父亲告状的叔父很不满。但是叔父毕竟是长辈，也不能当面顶撞。为了让叔父的告状不再起作用，曹操想出了一条妙计。

有一天，曹操离开家去找一位朋友，出门后不久，便远远地看到了叔父迎面走过来。"机会来了。"曹操心里想。于是，他马上装出一副病恹恹的样子，一脸的痛苦表情，嘴巴鼻子也向一边歪斜，口中的涎水顺着口角往下流，昔日那种神采飞扬、精明而充满活力的样子荡然无存，像换了一个人似的。当叔父走到他面前时，曹操又装成尽力勉强支撑着，以十分恭敬的态度，垂手侍立于路旁。

叔父走到曹操面前停下脚步，惊讶地看着曹操，说："哎呀，这是怎么一回事？怎么弄成这个样子？"

曹操用含糊不清的语调说："我也不知道，刚刚只觉得脸上一阵痉挛，就成了这个样子，可能是突然中风了。"说着，用指头戳戳自己的半边面孔，对叔父说："您看，这半边面孔麻木，已失去了知觉。看样子要破相了，这今后怎么办呀？"说得可怜巴巴的。说话之时，还抬起胳膊，用袖子揩去流至嘴角的口水。

叔父说："中风可不是闹着玩的，快去看医生。我送你去。"

曹操说："我这就去，我自己去好了。"

叔父回到家后,立即把曹操中风的事告诉了曹嵩。曹嵩听了,将信将疑。他对弟弟说:"吃早饭时还好好的,怎么会有这种事,此话当真?"

"我还骗您不成?是我亲眼看到的,还会有假?"曹操叔父非常认真地说。

曹嵩马上接口说:"兄弟的话我还会不信?我的意思是,曹操小小年纪,怎么会得这种病?真是家门不幸啊!"

约摸两个时辰后,曹操回来了。他刚跨进家门,立即被曹嵩喊进书房。曹嵩看到曹操一切正常,十分纳闷,连忙问道:"你不是中风了吗?现在好啦?"

曹操佯装不知,装乖卖傻,说:"父亲说什么'重'风'轻'风的,我不懂嘛。"

曹嵩说:"刚才你叔父告诉我,说你中风了,话也说不清楚,一副病歪歪的样子,我们正为你担心着哩!"

"叔父说的?噢,我知道了。"曹操一本正经地说。

"你知道什么?"曹嵩接过话头,迷惑不解地问道。

曹操说:"我中的哪门子风呀!父亲,中风是老年人的病,您听说过小孩子有中风的事吗?叔父一向不喜欢我,嫌弃我,分明是他故意这么说,想蒙骗父亲也来嫌弃我。"话语中流露出委屈与不满。

曹嵩再仔细看看曹操,面色红润,体格健壮,说起话来黑眼珠直转,哪有一丝一毫中风的迹象?又联想到弟弟多次说过儿子坏话,曹嵩的头脑转了一转,得出了这样一个结论:弟弟之所以老说些子虚乌有的事,大概是出于对曹操聪明才能的嫉妒心理吧!

曹操略施小计,确立了自己在父亲心目中智慧、机警的形象,走出了信任危机的阴影,父亲对曹操的宠爱、器重依然如故。而曹操的叔父,却深深地陷入了老兄对他的不满与怨恨之中。有趣的是,曹操的叔父竟一直被蒙在鼓里。

就曹操来说,这种聪明使用得并不恰当,但透过这件事可以看到,在对手面前,曹操的权谋智慧,是超人一等的。

第

6

则

孔融巧讥陈韪

孔融四岁让梨的故事，在中国流传近两千年而不衰，简直成了儿童尊长识礼的典例。出身于书香门第的孔融，自幼聪明过人，多闻博识，机智敏捷，周围的人把他看作是“幼年异才”。

孔融十岁时，随父亲孔宙来到京都洛阳。洛阳城中有位声名卓著的名士李膺，他不仅居官显赫，担任着司隶校尉，掌管对京都洛阳及所辖郡县百官的纠察大权，而且由于策划了铲除危害国家、干预朝政的张让宦官集团，一时成为洛阳士大夫的中心。

李膺自视风范高洁，竭力避免卷入朋党倾轧的政治漩涡，因此显得超然、清高；加上公务繁多，他一般不愿与人多交往。于是外界越传越玄，人们都说，谁要是能踏进李府大门，受到他的接待，无异于是“登龙门”。事实上，李膺只是不与不熟识的人往来而已，对于熟识的人或者本家亲戚，他还是乐于结交往来的。因而，他的家里经常是高朋满座。

孔融听说后，便想去拜访这位大名鼎鼎的李膺。一天，孔融独自一人来到李膺的府邸前，他对高大的门楼连看也没看一眼，便旁若无人地径直往里走。守门人将孔融拦下，不客气地说：“你也不看清楚这是什么地方，小孩子家的便往里闯，你找谁？”

孔融立住脚，从容不迫地说：“这不是李府吗？我家与李大人是世交了，今天特地来拜访他。就烦请你进去通报一下。”

守门人把孔融上下打量了一番，只见他个头不高，但衣着入时，仪态雍容，目光炯炯，神色自若，口气也不小。守门人将信将疑的，还是进去通报了。

李膺正在客厅与来客交谈，听说是世交来访，不敢怠慢，便叫人请进来，并亲自站在客厅门口迎接。当他看到来客是一个从未见过面的小孩时，不禁感到十分奇怪。李膺看着孔融，忍不住问：“怎么，我不认识你呀，你与我是什么世交呢？”

孔融走近一步，不慌不忙地说：“我是孔子的第二十代孙孔融，您是李伯阳（即老子）的后世。两位先公在世时，曾是亲密的师友关系，那么我与您自然也就是世交了。您说是吗？”

李膺听完孔融的解释，不禁笑了。不错，历史上是有过孔子向老子请教周朝礼仪制度这么回事，不过，那已是六七百年前的事了。李膺看着孔融机灵而稚气的脸，心想，这副样子与说话时的口气太不相称了，这大概就是人们常说的“神童”吧。

于是，他一面将孔融邀进客厅，一面不住口地向客人夸说孔融聪明、老成。

在座的客人都用惊奇的目光上下打量着孔融，孔融毫不怯场，也用目光环视客人，举止大方，不卑不亢。大家你一言我一语，问了孔融读什么书，做什么事，以及家世父祖等问题，孔融一一简要、清晰地回答，应对自如，妙语如珠，李膺与客人无不称奇。

正在这时，太中大夫陈韪进来了，他见都是熟悉的人，便施礼坐了下来。邻座的一个人把刚才发生的事简略地告诉了陈韪。陈韪抬眼看了看孔融，很不以为然，摇摇头，故做持重地说："还只是一个小孩子，有什么值得如此夸奖的。有的小孩就是这样，小时候口齿伶俐，招人喜爱，显得很聪明，长大了不一定就聪明，也不一定会有出息。"

孔融听了陈韪的话，站起身来向陈韪施了个礼，说："这样说来，先生您小时候一定是很聪明的了？"话语中隐含讽刺，其弦外之音是：您现在就很蠢嘛！

陈韪毫无精神准备，一时竟无言以对，不觉涨红了脸。老于世故的太中大夫，出其不意地受到一个小孩子当众不客气的反唇相讥也不便发作，只好尴尬地笑笑，言不由衷地连连说："聪明，聪明。"李膺与客人更加佩服孔融的口才与机智。

后来，孔融果然不负重望，学有所成，成了文学家，是著名的"建安七子"之一。

第

7

则

杨修聪颖世称绝

东汉末年的文学家杨修，弘农华阴（今陕西华阴）人，出身于世家大族，以才思敏捷、颖悟过人而闻名于世。

杨修是曹操丞相府的主簿，即为掌管文书、事务的助理。他聪明过人，善解人意，尤其善于揣摸曹操的心理，因此引起十分自负而又以诡谲著称于世的曹操忌恨。

有一年，曹操聘请工匠，在丞相府后面的一块开阔地上修建一座花园，以供他公务之余早晚在里面散散步。花园是按曹操之意设计、修建的。当花园快完工时，曹操去察看了一下，花园玲珑别致，景物相宜，富有情趣，曹操感到很满意。出门后，他回过身子打量了一下园门，皱了一下眉头，随即从随员手中拿过笔来，在门上写了个“活”字。之后他没说一句话，转身就走了。

工匠见此，心里直打鼓，这是什么意思？他们都知道曹丞相工于心计，又说一不二。丞相写了一个“活”字，便扬长而去，使人实在猜不透究竟是什么意思。于是，大家站在花园门口，七嘴八舌地议论着。

这时，杨修走过来了。工匠像见到救兵似的，请他过来，把刚才发生的事告诉了他。

杨修一听就明白了，对工匠笑笑说：“这个意思还不清楚吗？丞相嫌门太宽了，要缩小一点。”

“您怎么知道的？是丞相自己说的吗？”一个工匠问。

杨修摇摇头，用手指指园门说：“‘活’字写在门中间，这不是一个‘阔’字吗？”

工匠头儿还是不放心。

杨修说：“这事包在我身上，快把大门的宽度缩小一点。”

工匠按杨修给的尺寸，将大门改窄了。第二天，曹操又来了，看见改装后的大门，完全符合自己的心意，便问工匠：“是谁叫你们这样干的？”

工匠告诉他，是杨主簿吩咐这么干的。曹操笑着说道：“杨修这小子，真是精明到家了。”

一次，北方来人向曹操进献了一盒油酥，曹操尝了尝，觉得味道不错。随即盖上盒盖，并在盒子的醒目之处题写了一个“合”字，就走了。

曹操手下的人看到了，窃窃私语，不知曹操的葫芦里究竟卖的是什么药。杨修默默思索后，当着众人的面，动手打开了这盒油酥。

只见一个老文书说：“不能打开！看样子，曹丞相是挺喜欢吃的。”

杨修说：“正是因为它味道好，丞相才让我们一人一口，大家尝尝吧。”

老文书又说："是不是丞相刚刚说的？"

杨修又笑着说："这盒盖上写的'合'字，不是明明白白地告诉我们：见'人一口'吗？"

大家一想，是啊。顷刻之间，便将这盒油酥分吃了。

后来，曹操问起此事，得知是杨修猜中了他的心思，当着众人的面说："杨修果然是个聪明人。"嘴里这样说，心里却酸溜溜的，不免有几分妒意。

曹操南征时，曾路过孝女曹娥的墓地。墓前的石碑上，正面刻着一篇出自邯郸淳手笔的赞扬曹娥的短文，背面刻着蔡邕手写的八个字："黄绢幼妇外孙齑臼"。曹操见到后，问身边的杨修："你知道这几个字的含义吗？"

杨修点点头，对曹操说："知道。"

曹操马上说："你先别说，让我思考一下。"

上马后走了约摸三十里，曹操领悟了这几个字的含义，对杨修说："我已想出了它的隐语，请杨主簿先说说看。"

杨修说："'黄绢'，是黄颜色的丝织物，它隐含一个'绝'字；'幼妇'是少女，隐含一个'妙'字；'外孙'是女儿的儿子，隐含一个'好'字；齑臼是用来盛放辛辣食品的容器，它隐含一个'辤'('辞'的古体字)字。因此蔡中郎(蔡邕曾任左中郎将)写的这八个字的隐语是：绝妙好辞。是赞扬碑文写得精彩的。"

曹操听后，连声说："对，对，跟我理解的完全一样。"心里却在想：这小子怎么这样聪明。胜过我许多啊！

建安十九年(214年)春天，曹操亲率大军进驻陕西阳平(今陕西勉县西)，与刘备争夺汉中之地。恰逢春雨连绵，出战不利，刘备军防守严密，曹操军事上毫无进展，而这时的曹操，也年届花甲，精力显得不足。

这天曹操独自一人，一边吃饭，一边思考着下一步的行动。一个军令官正好进门请示曹操，今晚军中用什么口令。当时军中每晚都要变换口令，口令是士兵站岗，盘查别人，长官查哨所用。曹操筷子上正好夹着一块鸡肋，于是脱口而出："鸡肋"。部将对曹操用"鸡肋"为军中口令，也感到十分奇怪。

杨修听到后，便悄悄地整理起笔札、行装，仿佛马上要动身回家似的。一个年轻的文书见到后问道："杨主簿，您现在收拾这些有什么用啊？丞相要起草文书军令，还不是要打开。"

杨修露出了诡秘的一笑，说："不用了，小兄弟，马上我们就可以回家啦。"

"什么？要撤军了。您总是先知先觉，这次一点预兆也没有啊，您怎么知道丞相要撤兵了。"文书不解地问。

杨修说："怎么没有预兆？丞相用'鸡肋'作为口令。你知道'鸡肋'的含义吧：吃之无味，弃之可惜。丞相正是用它来比喻汉中，继续住下去，两军对峙，天气也不好，将无所收获；而要大军撤回，无功而还，也有点可惜。凭我的直觉，丞相这几天考虑好撤军的事了。"

果然，几天后曹操就宣布撤军了。

这个杨修太聪明了，以至曹操觉得他终非久居人下之人。杨修又是袁术的外甥，曹操恐他日久生变，于是找了个借口把他杀掉了。

第日则

王粲早熟早慧

王粲是东汉末年著名的文学家，在“建安七子”（东汉建安年间，文坛上除曹氏父子之外的七个有名的文人）中，王粲的文学成就居于首位。

王粲早熟早慧，从小聪明过人，幼年时代便博览群书，才思出众，笔下功夫不同凡响。因此，他小小年纪，便很有名声。

王粲的记忆力十分惊人。有一次，王粲与朋友一同行路，见到路旁一块石碑，两人停下来将碑文读了一遍后，又继续走路。走了一段路后，这个朋友想验证一下王粲的记忆力究竟是否真的能过目不忘，于是对王粲说：“刚刚看的碑文，你还记得吗？”

王粲胸有成竹地笑笑，说：“我已熟记在心。”接着，马上背诵起来,竟背得一字不差。

又有一次,王粲在树下看人下棋,突然一阵风起,刮翻了棋盘,棋子散落一片。王粲随手把棋子按原来的样子摆好。下棋人却不服气,立即用头巾将已摆好的棋盘覆盖起来,马上跑进屋去,又拿来一副棋,说:"你再能摆成与刚才一样的棋局,我便服了你。"王粲铺开棋盘,不假思索,随即摆好,与刚才摆的棋局丝毫不差。下棋人心服口服。

王粲十三岁时来到长安。当时长安尚处于一片混乱之中,大军阀董卓将汉献帝与文武百官一起劫持到长安。董卓性情暴烈,充满血腥味的政治使得人心惶惶,人人自危。

在长安的东汉流亡政府中,有个著名的学者叫蔡邕(蔡文姬的父亲),担任宫内护卫、侍从的长官,人称蔡中郎。蔡邕博识多闻,文章独步天下,而且性情随和,儒雅大方,慷慨好施,礼贤下士,是一个有名望、交游广的大名士。

尽管时局动荡不安,但蔡邕在长安的府邸仍然门庭若市,以至门前的街道常常被来访客人的车马所堵塞。

一天,王粲也去拜访蔡邕,蔡邕家里正是宾客盈门,高朋满座。蔡邕与宾客席地而坐,谈兴正浓。一个家人轻轻地凑上去对蔡邕说了句什么。蔡邕马上对家人连声说:"快请,快请!"一面忙不迭地站起身来,慌忙之中,鞋子的左右穿倒了,也来不及调换,就迎出门去。

满座的宾客,从来没见过蔡邕这副紧张模样,心里纷纷猜测:来的一定是个大名人吧!

当蔡邕把来访者王粲带进来与大家见面时,宾客们无不露出十分惊异的神色,有几个人竟用手背揉了揉眼睛,怀疑自己的眼睛是不是出了毛病。

原来,十三岁的王粲,皮肤黝黑,瘦弱而矮小,其体不壮,其貌不扬,非常不起眼。而此时的蔡邕,已年近六十,是声名显赫的文坛泰斗,可他居然如此礼遇一个小孩,简直太令人难以置信了。

蔡邕明显感受到了宾客们的这种怀疑态度。于是,指了指王粲对宾客们说:"我给诸位先生介绍一下,王粲是举世无双的神童。他虽只有十三岁,诗词文章却无一不精。他才情出众,见识过人,悟性极高,不要说他将来一定会超过我十倍,就是现在,我很多方面也大不如他呀!"蔡邕环顾了一下在座的宾客,继续说:"我可以告诉你们,我一生收藏的图书典籍,将全部赠送给王粲。这些藏书给王粲,比放在我这里更能发挥作用。诸位先生,我的话是不会错的,你们等着看吧!"

经过蔡邕一番介绍,特别是他给予王粲如此高的评价,座中宾客也不得不对王粲刮目相看了。

当时蔡邕的个人藏书有一万多卷,的确是一笔相当可观的财富。后来他送了四千多卷的藏书给王粲,余下的在兵荒马乱中散失了。

经过蔡邕的品评,王粲的名声更大了。蔡邕穿错鞋子迎王粲之事,被传为美谈。

王粲十六岁时,政府便授予他黄门侍郎(皇帝的侍从)之职,但他见政局混乱,中央政府徒有虚名,便无意担任这个职务。于是南下荆州,投靠刘表。

刘表的门客众多,其中不乏才智之士,而年纪轻轻的王粲却是荆州文坛当之无愧的盟主。刘表很赏识王粲的文才,原想把女儿嫁给王粲,后来又因王粲身材矮小、其貌不扬而作罢。

王粲归附曹操后,立即被委任为丞相府掌管典章制度的助理,赐爵关内侯。而王粲也显示出他的文学才华。

王粲只活到四十一岁便去世了。死后也倍极哀荣,为他送葬的朋友中文士很多。已被立为魏王太子的曹丕,在王粲的墓前向文士们提议说:"王粲生前喜欢听驴叫,今天我们为他送葬,不妨大家一起学一声驴叫,为王粲作最后的送行吧!"于是大家一起如毛驴吼叫一般,直着嗓子嘶叫起来,算是寄托哀思了。

王粲一生写了不少明白晓畅、抒情深沉的诗赋,在中国文学史上有很高的地位。

第 9 则

八斗诗才曹子建

曹植，字子建，是曹操的第三个儿子。在曹操的二十五个儿子中，他是最有文才的一个，写得一手好文章。他在十岁时，便洋洋洒洒地写下了数十万字的文章，而且文采斐然，出手不凡。

一天，曹操看到了这些署名曹植的文章，觉得文章写得太好了，不像出自一个十岁的小孩之手，感到怀疑，便把曹植找来问道："这些文章是请哪个文人为你代笔的？"

曹植以自信的口气说："这些文章完全出自我的手笔。我出口成章，下笔成文，怎么会找人代写？父亲如果不信，可以当面测试一下。"

曹操试了几次，只见曹植应答如流，下笔成文，果然很有文才。这才使得曹操打消疑虑,从此对曹植另眼相看。

铜雀台落成后,曹操带着儿子们登台游览,并以铜雀台为题,让他们各写一篇文章。只见曹植卷袖握笔,神采飞扬,笔落文成,而且文情并茂,辞彩纷呈,既写得最快,又写得最好。这令人惊叹不已的出色才能,使曹操心花怒放,喜不自禁。

曹操对这个儿子特别喜欢,曾几度打算立曹植为接班人。然而,曹操的一些助手反对,理由是,曹丕是兄长,应该立兄长。而曹植也有着鲜明的文士性格,他性情随和,说起话来不分场合,快言快语,特别是他生活不拘小节,常常沉湎于饮酒之中,以致误了公事。因此,曹操最后决定立曹丕为继承人。

尽管曹丕成了继承人,但还是种下了怨恨曹植的种子。曹丕继位为魏王后,就处处排挤、打击起曹植来了。

曹丕以曹植傲慢无礼,乘着酒兴辱骂他的使者为借口,把曹植的爵位降了一等。并且,想进一步利用这个机会,置曹植于死地。于是,曹丕派人去把曹植召到洛阳来。

曹丕的母亲卞太后知道了这件事,连忙把曹丕喊进宫里,对曹丕说:"曹植好歹是你的同胞兄弟,凭着这点错处,你已降了他的爵位,算是惩罚过了,这就够了。你为什么还要听信别人的鬼话,残害自己的兄弟?你刚继位,千万不能做这种使亲者痛的糊涂事。一旦这样做了,别人会说你,连兄弟都不能相容,这不是会增加部下的离心吗?"

曹丕遭到母亲的一顿斥责,心里自然不高兴。但母亲说得也有道理,不能不听。再说,曹植也只是一介书生,是绝对成不了气候的,何必要让别人说"兄弟相残"的闲话,于是打消了要处死曹植的念头,不过还想给曹植点颜色看看,让他今后识相些。

当使者把曹植带回洛阳后,曹丕马上下令,在宫中召见曹植。

曹植走进接见大厅，只见曹丕拉长着脸端坐在中央。曹植心中一惊：昔日是兄弟，今日是君臣，这次见面，不知是福是祸。惴惴不安的曹植，小心地走上前来，向曹丕施了礼。曹丕只是点了点头，算是还礼了。曹植垂手站在一边。

曹丕与曹植寒暄几句后，便拉长声调缓慢而威严地对曹植说："你虽是我的兄弟，但你辱骂政府使者，就触犯王法了，按律治罪，你该当死罪。"说到这里，用眼看了一下曹植，只见他战战兢兢，显然是曹丕刚才说的话镇住了他。然后曹丕话锋一转，说："不过兄弟才华横溢，一向以出口成章闻名于世。今天我给你一个机会，限你在我面前走七步写一首诗，若能写得出来，我免你一死；七步之内写不成，不要怪我不讲兄弟情面。"

曹植知道，曹丕十分嫉妒他的才能，先前父亲对他的宠爱，也使曹丕耿耿于怀。但曹植完全没想到，兄长竟如此相逼。

王命不能违。曹植略加思索，开始边走边吟，走一步，念一句，果然是文思如泉，才思敏捷。还没走完七步，他便吟出一首诗来：煮豆燃豆萁，豆在釜中泣。本是同根生，相煎何太急。

真是一首好诗，虽然是讽刺曹丕，但含蓄而耐人寻味；虽是表达悲愤情绪，但哀婉而发人深省。

豆子与豆萁，都是同根所生，如今豆萁在锅下熊熊燃烧，豆子却在锅里备受煎熬。这不就像你曹丕迫害我曹植一样，不顾手足之情吗？

这首诗，含意深刻，韵味无穷，写得很感人。连曹丕听了后，都觉得自己对兄弟太过分了，心里不免也感到惭愧起来。

聪明过人的曹植，七步之内吟成一首诗，流传很广，成了描写兄弟相残的典范。

第

10

则

曹冲称象

被称为“乱世之奸雄、治世之能臣”的曹操，有二十五个儿子。长子曹昂死后，在剩下的儿子中，曹操最喜欢的是幼子曹冲。

在曹冲短短十三年的生命里，显示出了与他年龄极不相称的聪明智慧和宽容大度，深得曹操的钟爱。以至，曹冲死时，曹操抚尸失声痛哭。当曹丕上前劝父亲节哀保重时，异常悲痛的曹操冲着他说：“这是我平生最大的不幸啊，而对你们来说则可能是幸运的。”这句话的意思很清楚，因为曹操多次在大臣面前透露过，要传位给曹冲。曹冲一死，曹丕少了一个最有力的竞争对手。后来，曹丕当了皇帝，还不无怨气地多次说过：“如果曹冲还活着的话，这皇帝也轮不到我做了！”

曹冲的确很聪明。

建安七年(202 年),孙权派使者给曹操送去一只大象做礼物。这样的庞然大物,北方人还没有见过。

当曹操带领官员们来到后花园时,看到了令人惊叹不已的场面:悠闲自在的大象,不停地用它的长鼻子,一甩一甩地从水桶里吸水,往自己的身上喷。扇子一样的耳朵,柱子般粗的四条腿,高大的身躯,像一座小山似的。

惊奇之余,曹操的一个官员说:“如此庞然大物,想必力气也大吧。”

送象的使者在一旁说:“力气大着哩,三十个年轻力壮的小伙子,也比不上它。”

一个官员又问:“这么大的身躯,食量肯定大吧?”

这个使者笑笑说:“是的,一顿能吃上百斤的食物哩。”听的人,忍不住伸出了舌头,发出“啧啧”之声。

一直没有说话的曹操问道:“这么个庞然大物,又这么有力气,你们是怎么捉到它的,又是怎么驯化它的?”

使者向曹操施了个礼,回答说:“一只象,从捕捉到驯化好,最少也要三五年的时间。捉象、驯象可不是闹着玩的,稍有不慎,便会搭上性命。捉象时,往往是在大象经常出没的地方,挖上一个大坑,盖上树枝,铺上席子,再覆上一层土,在上面放一些大象喜欢吃的食物。当大象走上去吃食物时,沉重的身躯就会掉下去。陷下去后,大象就跑不出去了。然后,喂点食物,人才能渐渐地接近它。一两年后大象才褪去野性,这时在坑边修一条坡道,让它出来后,逐渐驯化它,驯化好的象,可是人干活的好帮手哩。”

曹操又问:“这只大象有多重啊?”

“总有几千斤吧。”使者也不能准确回答。曹操的部下更没人能答出来。

沉默了一会，一个官员说："哪来这么大的秤呀？即便有秤能称，谁又能抬起大象的身子？"

随着曹操来看大象的曹冲，已经围着大象转了好几圈了，感到十分新奇，听到这话后，对曹操说："我有办法。"

"什么办法，快说说看。"大家不约而同地说。

曹操也笑着，示意他快说。

曹冲一边用手比划着，一边说："把大象牵到一条大船上去，然后，按船吃水的深度，在船舷旁刻上记号。大象拉下来后，再派人往船上运石头，当石头堆得使船身下沉到与刚才的记号平齐时，这船石头的重量就是大象的重量了。石头一筐一筐地抬下来称。这样，大象的重量不就能准确地知道了吗？"

"是啊！"大家恍然大悟，纷纷赞叹曹冲的聪明、机智。

要准确知道大象的体重，这是当时所可能采用的唯一办法，而想出这个聪明方法的曹冲，这时只有五六岁。

第

11

则

诸葛恪捷辩得驴

三国时期，南阳的诸葛兄弟都富有谋略。哥哥诸葛瑾在东吴孙权手下任要职，弟弟诸葛亮则受到刘备三顾茅庐的殊遇。兄弟俩各为其主，天各一方，都因自己的聪明才智受到重用。

诸葛瑾的长子诸葛恪，字元逊，自幼聪颖非凡，头脑灵活、反应快、口才敏捷，惹人喜爱。诸葛瑾到哪里，只要有可能都带着他。

有一年秋天，正值金桂飘香之时，吴主孙权在皇家花园里设宴招待群臣。诸葛恪随父一起来到皇家花园，这时的诸葛恪还是一个一脸稚气的幼童。宴会即将结束时，诸葛恪成了人们话题的中心：不少人都赞扬诸葛恪的聪明，也不时有人向他提出一些问题，诸葛恪从容不迫，应对自如，有时口出妙语，引起哄堂大笑。

酒酣耳热的孙权，听了大家赞扬诸葛恪的话，心头一动，做了一个手势，一个太监附耳过来。孙权对着太监的耳朵嘀咕了几句，只见太监笑着跑出了花园。

一会儿，太监牵了一头毛驴走了进来。群臣不知要干什么，不由得看看毛驴，又看了看孙权。只见孙权微笑不语，也盯着毛驴看。

这头驴被拴到大家面前，人们才看清楚了：它两耳竖起，膘肥体壮，一身褐色的细毛，额上挂着一张标签，上面写着“诸葛子瑜”四个字（子瑜是诸葛瑾的字）。人们不觉把头扭过去，看了看诸葛瑾。这时一个武将一字一顿，大声地读着“诸葛子瑜”。话音刚落，群臣哄堂大笑起来。

原来，诸葛瑾长着一副长长的脸，眼、鼻、嘴之间离得远，很像毛驴的脸。背地里常有人叫他诸葛驴，但只能意会不能言传，当面还没有人敢这样取笑他。这位莽撞的武将大声一读，等于把糊窗纸给戳破了，大家忍不住大笑起来。

诸葛瑾在一旁一言不发，脸憋得通红，十分尴尬。

诸葛恪见此情景，上前几步，对孙权说：“皇上是打算把这条驴赏赐给我父亲吧！”

孙权对自己导演了这场闹剧，感到很开心，笑着对大家说：“人人都说诸葛瑾厚重有余，而儿子则聪颖过人。”孙权用手指指诸葛恪，又指了指毛驴，继续说，“今天，你何不把聪明都使出来，给我们看看。你怎么知道，我会把这条毛驴赏赐给你的父亲？”

诸葛恪对孙权说：“我并无过人之处，不如别人的地方还多得很哩。我的父亲倒是沉稳厚重，对皇上忠心耿耿，对国事兢兢业业。他的性格的确像驴：叫驾车就驾车，叫拉磨就拉磨，从不讨价还价，更不推三阻四。正是因为如此，才得到皇上的信任与重用。而今天，又当着这么多大臣的面，亲自把这条驴赏赐给我父亲,实在是对我父亲为人的认可、赞誉,我做儿子的,自然也感到脸上有光。”说着,向孙权磕了两个头,表示谢恩。

孙权不觉笑了,抬头看了看那可怜巴巴又十分尴尬的诸葛瑾,又看了看诸葛恪,说:“好一张能说会道的嘴,果真名不虚传。当着大臣的面,你再说说看,这头毛驴为什么就一定是赏赐给你父亲的?”

诸葛恪对太监说:“把笔拿过来。”太监捧着笔走过去,诸葛恪抓起笔走到毛驴前,在“诸葛子瑜”的下面加了“之驴”两个字,这样一来,就成了“诸葛子瑜之驴”了。

皇家花园里顿时响起阵阵欢笑。孙权也哈哈大笑起来。笑声停下来,孙权说:“真是一个机灵的孩子,这正合我的初衷。既然这是‘诸葛子瑜之驴’,你们就牵回去吧,算是我的赏赐。”

就这样,机智捷辩的诸葛恪化解了父亲的尴尬,还得了一头驴,此外,还给孙权留下了极好的印象。后来,未满二十岁的诸葛恪便被孙权起用为骑都尉。

第

12

则

孙亮立断鼠屎案

孙亮是三国时期东吴皇帝孙权的幼子。幼年时的孙亮聪明好学，才识过人，遇事肯动脑筋，深得孙权的宠爱、器重。赤乌十三年(250年)，孙权立七岁的孙亮为太子。两年后，年仅九岁的孙亮继位为东吴皇帝。

初夏时节，正是"槐阴渐长帘栊暗，梅子初尝齿颊香"之时，皇家御花园的老梅树上，结满了累累梅子。梅子开始成熟了，殷红的梅子在阳光照耀下泛着光，惹人喜爱。

这天，少年皇帝孙亮在侍从的簇拥之下，来到御花园。当他看到一串串殷红的梅子时，馋涎欲滴，忍不住让侍从摘下几串，从中挑出肥大一点的尝尝。一尝，顿觉清脆酸甜，口舌生津，味道好极了。孙亮说"好吃"，已吃下好几个梅子。孙亮对侍从说："口感是不错，只是觉得酸了点，吃多了，会把牙齿酸坏的。"

一个侍从赶紧趋前一步，对孙亮说："皇上喜欢吃，何不让人用蜂蜜腌泡一些？泡几天后的梅子，那味道才叫好哩！梅子的酸味不仅会大大减少，而且别有一番香甜脆的滋味。"

孙亮听他说得有理，于是命一个太监立即就去仓库，拿蜜来泡梅子。约摸半个小时后，小太监捧着一坛蜜回来了。孙亮有意要在随从面前露一手，要亲自动手泡梅子。他让太监打开坛盖，一看，"哟"地惊呼了一声，原来是蜜上浮了几粒老鼠屎，太令人扫兴了。孙亮眉头一皱，问道："蜜坛子里怎么会有老鼠屎？"

取蜜的太监马上接口答道："只有问库吏才知道。"

孙亮气愤地说："把小库吏给我找来！宫中岂能容得这样的怪事？这是严重的失职！"侍从们看到皇上发火了，一个个屏声静气的，哪敢出半点声息。

一会儿，管仓库的人被带到了孙亮面前。孙亮火气未消，指着他厉声呵斥："你是怎么搞的，连几坛蜜都管不好？你说说看，老鼠屎怎么会进了蜜坛里？你又怎么敢把这样的蜜拿来给我食用！"

库吏知道闯了大祸，吓得脸色发白，浑身颤抖，跪在地上说："我有罪，该死！"但又以辩解的口气说："放进仓库时，我检查过，也是我亲手盖的盖子。刚才去拿时，盖子也没破，里面怎么会有这种脏东西？"接着就大呼冤枉。

冤枉？孙亮心想：难道错怪了他？这坛蜜只经了两个人的手，一个是库吏，一个是太监，莫非……孙亮转过头来，看看那个取蜜的小太监，只见他眼里隐隐流露出一丝难以察觉的得意神色。孙亮转而一想，便问库吏："在此之前有人去过仓库吗？"

库吏马上说："没有，没有。"接着又补充了一句："仓库门我一直锁着，钥匙我随身带，不会有人进去。"

“有人向你要过蜜吗?”孙亮追问了一句。

库吏若有所思地抬起头,用手指指站在一边的小太监说:“前几天他向我要过蜂蜜。”

“你没给我,我就走了,连你仓库的门我都没有进啊!”小太监打断了库吏的话。

库吏接口说:“我问他是不是皇上要蜜,他说不是,我就没给他了。”

孙亮听了,冷冷地笑了一笑,对这个太监说:“这样看来是你玩的诡计了!”

小太监连忙跪下叩头,说:“我伺候皇上小心谨慎,绝不敢这样戏弄皇上,请皇上明察。”说完后,抬起眼皮看了看孙亮。

孙亮身边的侍从官见此情景,忍不住开口对孙亮说:“太监与库吏说的都不错,一时又难以判断,不如把两人都交给司法部门去审理、定罪。”

孙亮哈哈大笑,说:“区区小事,哪里要动用司法部门? 不用了,不用了。”然后,用手指着一位侍从说:“把老鼠屎剖开就知道了。”侍从们感到好生纳闷,露出迷惑不解的目光。孙亮见此,接着说:“这道理还不简单吗? 如果老鼠屎里面是湿的,说明老鼠屎在蜜里的时间长了,当然要拿库吏治罪。如果老鼠屎里面是干的,必定是刚刚放进去的,这就是小太监的错了。”

大家一听,恍然大悟,侍从官走上前,折了一小段树枝,伸进坛子里捞出一粒老鼠屎来,用手掰开,见里面是干的,立即捧着给孙亮看了一下。再捞出一粒掰开,还是如此;又捞了一粒掰开,仍然如此。

孙亮火气直冒,指着这个小太监大声呵斥道:“这还有什么要说的! 你这个诡计多端的人,依仗着在我身边,在外狐假虎威,向人要这要那的。人家没有给你蜜,你就怀恨在心,嫁祸于人,要借我之手置他于死地。可知道你该当何罪?”

一看事情败露了,小太监早已吓得跪在地上磕头,请求皇上宽恕,饶命。

孙亮鼻子里“哼”了一声,马上上来两个侍从,将小太监拉了下去。

惊喜异常的库吏,一再向皇上磕头,连声说:“皇上圣明,皇上圣明!”感谢孙亮洗清了他的不白之冤。

第

13

则

王戎不惧虎吼

魏晋时期，有七个志同道合的朋友，经常在洛阳郊外的竹林中聚会饮酒，他们或吟花颂月，或清谈终日，悠游自在，时人称他们为“竹林七贤”。

王戎是七贤之一，但他却有点与众不同。王戎是政府的大臣，官至司徒（掌管教化，三公之一）。白天，他一本正经地坐在衙署里办公事；晚上回到家里后，关起门来，与妻子一起在灯光下摆弄起象牙算筹来，计算田庄园林的进账、收益，一点也不含糊。因此，王戎在历史上是以精于理财、吝啬刻薄而著称的。

王戎的吝啬是出了名的。他家的李子树结的李子又大又甜，他惟恐别人得到他家李树的良种，于是，在把李子拿到街上去卖之前，王戎带领全家老小，用细细的锥子把李子核钻个小洞,使李子核不能再做种子。

不过,王戎从小就是一个爱动脑筋,遇事有主意的聪明人。

有一年,魏明帝曹睿得到一只进贡的东北虎。这是一只色彩斑斓、凶猛异常、威风凛凛的吊睛白额大老虎。魏明帝高兴起来,特地让人把老虎装在木笼子里,放在洛阳皇宫前的广场上,四面围上栅栏,供京城的士民百姓自由观看。一时京城轰动,人们纷纷走出家门,前来广场观看困在笼中的"兽中之王"。七岁的王戎也夹在人丛中看热闹,他人小,直钻直挤的,好不容易才挤到栅栏的跟前。

平时人们谈虎色变,而此时却争先恐后地往栅栏前挤,兴致勃勃地观看着关在笼中的大老虎。人们不时用手指指点点,有人还向老虎呵叫几声,以此示威。

突然,大老虎兽性发作起来,前肢攀着笼子上的横木,后腿近乎直立,张开血盆大口咆哮起来。这突如其来的吼叫声,响彻广场,震动屋宇。围观者毫无思想准备,一时被老虎的吼叫声吓得胆战心惊。身强力壮的,转身拔腿就跑,你推我撞,广场上乱糟糟的。年老体弱来不及跑的,扑倒在地;一些年龄不大的孩子,一见这阵势,也惊叫着跟着大人跑开了。

刚才人山人海的广场,转眼之间变得空荡荡的。这时,空旷的广场上只有一个小孩,仍若无其事地站在栅栏前,盯着笼子里的老虎,没有一点恐惧的神色,也没有受到人群骚动的影响,这个小孩就是王戎。

魏明帝远远地从皇宫里的小楼上,看到了刚才的一幕。人群四散逃离之后,他看到一个小孩还站在那里,感到十分惊奇,便派随从官员去问问这个小孩,叫什么名字,为什么会有这么大的胆子。

"老虎这个庞然大物,凶猛异常,吼声这么吓人,连大人都被吓跑了,你怎么还站在这里呀?"这个官员来到王戎身边,很和气地问道。

王戎从容地用手指着老虎,对官员说:"老虎是凶猛,但它已被送进笼子里了;再说,尖锐的利爪也已经被砍去了,老虎还有什么威风可言,这有什么可怕呢。"

这个官员又问了一句:"大人都吓得跑开了,你怎么不跑?"

王戎笑笑,对这个官员说:"老虎是兽中之王,它也吃人,人们平时听老虎吃人的故事听多了,因此,惧怕老虎的神经就特别敏感。老虎突然吼叫起来,人们也来不及多考虑,只顾落荒而逃了。"说到这里,王戎转过身来用手指指远处走动的人,继续说:"有些人,也不一定是被老虎吼声吓跑的,他看别人跑,自己也跟着跑,为什么要跑,自己也是莫名其妙的。您看,刚刚还是人山人海的,转眼之间,大家都跑散了。人跑光了多好呀,用不着挤,就能把笼中的老虎看得清清楚楚的了。"

这个官员对王戎这番充满智慧的话语惊叹不已,佩服之意,油然而生。回到皇宫后,原原本本地向魏明帝作了报告。魏明帝听了之后,感慨地对周围的随从官员说:"你们看,这么大的小孩,就这样聪明,遇事不慌,肯动脑子,长大了,一定会有出息。"随从们点头附和。

也是在这一年,王戎与十几个小孩一起玩。他们看到路旁一棵李树上,结满了李子,把树枝都压弯了,许多小孩子都争着去摘,只有王戎没动。一个小孩跑了几步,回过头来对王戎说:"人家都去了,你怎么还不动呢?迟去就摘不到了。"

王戎摇摇头说:"要去你去吧。这路边树上还有李子,肯定是苦李树结的苦李子,吃起来涩嘴。不然的话,早被人摘光了,哪里还会留到现在,等你们去摘?"

小孩子们一吃,果然如此。

聪明人的见解,就是与众不同。

第14则

聪明太子司马遹

曹魏后期，大将军司马昭控制了朝政，从司马懿到司马师，再到司马昭，这父子三人，一个比一个专横，一个比一个厉害。当时京城洛阳流传着一句话："司马昭之心，路人皆知。"司马氏家族取代曹魏政权，已是箭在弦上了。

司马昭为确保司马家族能顺利取得天下，对那些敢于反对司马家族的文臣武将，一概诛杀。司马昭一死，他的儿子司马炎便轻而易举地取代了徒有其名的曹魏政权，建立了西晋王朝。

司马炎开创了西晋的历史，不幸的是，继承人晋惠帝司马衷却是历史上一个著名的白痴皇帝。

有一年，关中一带由于很长时间没有下雨，粮食歉收，老百姓闹饥荒。地方官把灾情上报朝廷，说灾区的老百姓因没有粮食吃，饿死很多，请求中央政府紧急调运粮食救灾。

大臣向晋惠帝报告时，他问大臣："人好好的为什么会饿死？"

大臣回答："当地闹旱灾，收不到粮食，他们没东西吃。"

晋惠帝忽然灵机一动，对大臣说："为什么不给他们多吃点肉粥？这就是你们这些做大臣的不对了！"

大臣们听了，个个目瞪口呆，哭笑不得。

由这样的白痴皇帝来掌舵，国家能治理得好吗？

俗话说，有其父必有其子。其实，并不尽然。司马衷与父亲司马炎大不一样了，而司马衷与一位平民出身的谢贵妃所生的儿子，也就是一度被立为太子的司马遹，又与他父亲司马衷不一样——司马遹是一个胜过他父亲百倍的聪明人。

一天夜间，皇宫中突然失火，火借风势，迅速蔓延。宫中哭的、喊的、跑的、救火的乱成一团。

晋惠帝为便于观察火势，特地站在远离火灾现场的一座小楼上，指手画脚，想指挥救火却又不得要领。大火的光亮把小楼映照得通红。这时，太子司马遹跑上楼来，拉着惠帝的衣服，走到黑暗之中。

晋惠帝好生奇怪，对儿子说："我在这儿站着，看得很清楚。你把我拉到这里，黑漆漆的，别人怎么知道皇帝在这里？"

司马遹回答说："就是不能让别人知道皇上在这里。黑夜里失火，十分混乱，父皇小心防备万一才是。不能让火光照见父皇，以免发生意外。"

晋惠帝一听，有道理。于是，带着太子离楼而去。一个五岁小孩，竟能想得如此周到，简直是个奇才。

又一次，司马遹跟随晋惠帝观看猪圈，他看到满圈肥猪，便对晋惠帝说："这些猪已经长得这么肥了,为什么不把它们杀了供皇上吃,却让它们白白地消耗粮食?”

晋惠帝听了儿子的话,用手抚摸着司马遹的背说:“太子这样聪明,定能使我皇室兴旺。司马家族未来的希望,就寄托在太子身上了!”

然而,晋惠帝的皇后贾南风,是一个政治欲望极强、性情极其残忍的女人。她在搬掉了朝中阻碍她专权的几个绊脚石之后,又把矛头指向了太子司马遹——尽管他还只是个少年。

晋惠帝永康元年(300 年),贾南风抛出其效如神的“诬以谋反”的法宝,下诏宣布司马遹谋反。谋反,是专制王朝时代的十恶中的第一“恶”,对于任何谋反的人,法律都是绝不宽容的。因而,司马遹成了政治斗争的牺牲品。

司马遹死后,被赐谥“愍怀”,这个谥号含有对他哀怜、怀念的意思。他真是一个可愍可怀的聪明少年啊!

第

15

则

王允之机警避祸

琅琊（在今山东）王氏是东晋前期最大的门阀士族。王氏家族的王导，任丞相，为百官之长；王敦，任大将军，掌握东晋的兵马大权。可以说，琅琊王氏支撑着东晋的一半天下，因此，当时社会上流传着“王与马（皇室司马氏），共天下”的说法。

王氏权势之盛，引发了大将军王敦的政治野心，他盯上了晋元帝司马睿的宝座。王敦的高级参谋钱凤，看出了王敦的野心，不但不加劝阻，反而推波助澜，极力劝王敦举兵造反。

一个初夏的早上，钱凤急匆匆地来到王敦府上，王敦屏退了仆役，两人关起门来，商量造反的机密大事。

钱凤向前挪了挪，以极神秘的口气对王敦说起话来。只见王敦的眉头渐渐地皱了起来，似乎听到了什么不太满意的消息。两人紧张地谈了好一阵子，只见王突然一下子站了起来，大手一挥，正要开口说话，突然停了下来：原来他透过打开的窗子，看到隔壁室中放下的帐子，这才使他猛然想起，侄儿王允之还在床上睡觉。

王允之这时才十一二岁，是最受王敦器重的一个侄儿。王敦把聪明机智、眉宇间洋溢着灵气的王允之看作是王家第二代人中的希望。因此，他特别喜欢王允之，经常把王允之带在身边，留在家中住宿。这一次，王允之已连续几天在王敦家留宿了。不过，钱凤来谈的事太重要了，一紧张，王敦把王允之在里屋睡觉的事竟忘得一干二净。

王敦大惊失色，说："哎呀，允儿还在这里睡觉，我们说的话，准让他听到了，这可怎么办？"

筹划起兵是不可告人的秘密，一旦泄露一丝风声，便关系到身家性命，因此，需要高度地保密。

沉默了一会后，两眼露出凶光的钱凤，对着王敦急促地说："大将军，无毒不丈夫啊！要是泄漏出去，大将军就……"说到这里，他突然停住了。

王敦心一横，脚一跺，牙缝里挤出一句话来，"对！死生有命，你就莫怪我这做伯伯的无情无义了！"说着，"嗖"的一声，王敦随手从剑鞘里抽出寒光逼人的利剑，直奔里屋王允之睡觉的床前。钱凤一步不离，紧随其后。

王敦一把撩起帐子，正待下手，却突然停了下来。原来，王允之睡得正香甜呢。只见王允之仰面躺着，胸脯随着均匀的呼吸，一起一伏，口水流得到处都是，衣领上，被褥上，脸面上，都黏乎乎的。掀起帐子时，里面也毫无反应，王敦确信王允之一直是熟睡着的。

王敦爱怜地望着熟睡的侄儿，松了一口气，庆幸自己的密谋还没有被侄儿听到，便打消了杀他的念头。王敦一手拿着宝剑，一手拉着钱凤，轻手轻脚地走了出去。

两人又继续刚才的谈话了。真玄啊,王允之差一点就成了伯父王敦的刀下鬼了。

实际上,打钱凤进门时起,王允之就已经醒了,无意之中把他两人策划起兵的谈话,听得一清二楚。很快,王允之意识到自己的危险处境:一旦被他们察觉,肯定是死路一条。事到如今,跑也跑不开,躲也躲不掉,怎么办?紧张的王允之急中生智,想出一个迷惑他们的主意:王允之一口一口地从口中吐出唾液,故意弄脏自己的衣服、被褥,然后又将头脸在弄湿的被褥上转着擦了几下,于是弄得满头满脸都是唾液,黏乎乎的。

做完了这些后,王允之平静下来了。当王敦提着剑向他走来之时,他尽量保持着镇静,呼吸均匀,两眼闭着,神态自然,像睡着一样,一点破绽也没有露出来,王敦才没有下手。

王允之以其机智、冷静,躲过了一场无妄之灾,从而保全了性命。

第
16
则

谢道韫咏雪

东晋的谢氏家族，人才辈出，各领风骚。淝水之战，谢玄以八万之众打败号称百万的秦王苻坚，更使得谢家子侄脸上生光，名扬宇内。在谢氏家族中，还有一个叫谢道韫的才女，以诗名流传后世。少年时代的谢道韫对雪咏诗时，因为有过一个非常贴切的比喻，而留名文坛，传于千古，以至后人形容那些善于作诗的女子为“咏絮才女”。

谢道韫是谢安的侄女，父亲早亡，由谢安抚养。在叔父的熏陶、指导下学习诗文。谢道韫天资聪颖，在谢氏大家族的众多兄弟姊妹中，她以善于观察、想象力丰富、才思敏捷而著称，深得叔父谢安的厚爱。

一个冬天，北风刮了一夜，天色灰蒙蒙的，寒气袭人。有着深厚文学修养的谢安，这天正在家中。闲暇无事，他便把侄儿侄女唤到书房来，让大家围炉而坐。他一面询问他们近来学习的情况，一面跟他们谈诗论文，说古道今，子侄们一个个兴致勃勃地听着谢安娓娓道来。

这些子侄年龄都不大，家庭条件优越，都正在受着良好的教育，一个个对诗文书画，都有一定造诣。

屋外北风呼呼，室内却春意融融。

“哦，下雪了！”不知谁轻轻地喊了一声，大家都随着喊声朝窗外望去。飘飘洒洒的雪花，已经下了好一会，地面上已覆盖了一层雪，银装素裹，大地一片白茫茫的。

谢安情不自禁地站了起来，喃喃地说：“好大的雪啊！瑞雪兆丰年，明年可有个好年成了。”他饶有兴味地盯着纷纷扬扬的大雪，沉思了一会，然后转身对凑在身边的子侄们说：“白雪纷纷何所似？你们说说看，纷纷扬扬的大雪像什么？”

侄儿谢朗性急口快，应声而说：“撒盐空中差可拟。我看纷纷扬扬的大雪，就好像是从空中向下撒盐一样。您说像吗，叔叔？”

谢安笑笑，说：“不好，不好，比喻得不贴切。你想想看，盐重，从空中撒下来，一下子便落到地上，哪有雪花那样飘飘忽忽、慢慢悠悠的神韵啊！你们都动脑筋想想，一定能想出比朗儿更贴切的比喻来。”说着，把目光转向正在沉思的谢道韫。

谢道韫仰望着白茫茫的天空，随后嘴唇动了几下，像是在念着什么。一会儿转过头来对谢安说：“我有一比：未若柳絮因风起。叔叔你看，春天的柳絮，随风飘舞，不正像这飘飘然而落的雪花么？”

谢安一听，两手一拍，大笑道：“好，妙！韫儿的比喻太精彩、太贴切了。你们看，那飞飞扬扬的雪花，多像春天的柳絮经风一吹，漫天飞舞的样子啊！立意清新，韵致飘逸，再也找不出比这更形象的比喻了。”谢安说到此，顿了顿，看看另外几个子侄，接着又说，“你们几个男孩，文采文思都不如韫儿。看来，你们今后只有在军事、政治方面寻求发展了。”

谢安的赞许，倒使谢道韫不好意思起来，一下子脸变得红红的。

谢道韫后来嫁给“书圣”王羲之的儿子王凝之为妻。谢道韫的诗也有流传下来的，但人们还是最称道她少年时代的那句“未若柳絮因风起”的咏雪诗。

第

17

则

萧统九岁为师

南朝梁时的萧统，是中国历史上一个短命却非常有才华的人。他编辑的《文选》三十卷，是中国历史上最早一部诗文的选集，流传广，影响大。宋代有"《文选》烂，秀才半"的谚语。意思是说：《文选》读得烂熟，等于是半个秀才了。宋代的秀才是指参加进士考试的人，"半个秀才"的实际意义是："半个进士"。

萧统是梁武帝萧衍的长子，出生后的第三年便被立为太子，三十岁死时，谥为"昭明"，后人又称他为昭明太子。

萧统是个非常聪明的人，又出身于帝王之家，从小便受到良好而系统的教育。三岁开始读《孝经》、《论语》，五岁时就读完了五经。他的记忆力非常好，对所读过的书，哪怕再长、再艰深，他也能滔滔不绝地背诵下来，因此，特别受到武夫出身的父亲宠爱。

有一次在书房中，比萧统大好几岁、来陪读的远房堂兄正在读书。当他读到“孔子曰：‘忠言逆耳利于行，良药苦口利于病’”时，萧统马上接着说：“你读的这句话是《史记·留侯世家》中引用孔子的话。刘向的《说苑·正谏》篇中，也引用了孔子的话，这句话是：良药苦口利于病，忠言逆耳利于行。《孔子家语》中又是：药酒苦口而利病，忠言逆耳而利行。这几处都说引用的是孔子的话，但又都不完全一样。不过，意思却都是一样的。”这位堂兄不相信萧统能记得这么准确，马上从书房排列的书架上，把这几本书都找了出来，一翻，与萧统所说的一点不差。

萧统九岁时，就当起“传道授业解惑”的老师来了。

萧统自小最先读的书，便是由东汉大经学家郑玄作注的《孝经》十八章。萧统平时喜欢的也是《孝经》。一本《孝经》，萧统已背得滚瓜烂熟，而且很有心得。对这本宣扬孝道，宣扬以孝治国的书，他觉得还可以引申、发挥，把以孝治国、以孝齐家的道理，还可以说得更深更透一些。

萧衍是以武力从萧齐朝廷夺得政权的，如何保住这个政权，一直是萦绕在他头脑中的一个大问题。他透过儿子所读的《孝经》，仿佛看到了解决这个问题的希望所在。于是，很支持儿子公开讲讲这个以孝治国的道理。

这一天，穿戴整齐、神采飞扬的萧统，登上寿安殿临时搭起的讲台，公开讲授《孝经》。

出于对九岁幼童讲课的好奇，出于对皇家的尊重，这一天来听讲的大人小孩特别多，共有好几百人，黑压压地坐满了寿安殿的大厅。

萧统面对众多的听众，大大方方，毫不怯场。他集中地对家国一致、君父一体的见解，作了淋漓尽致的发挥。他认为：家以孝治，国以孝为根本；在家孝敬长者，在国忠于君主。只有下对上讲孝、忠，上对下讲爱、恤，家庭才能和睦，国家才能稳定，才能消除人与人之间的嫉恨与仇杀。萧统引用《孝子传》中孝子的生动事例，来支持这一见解。

萧统从容不迫地侃侃而谈，时而引经据典，时而引申发挥，内容充实，语言生动。大厅里鸦雀无声，听众的思绪随着他透彻的讲解而起伏：他们有人时而微微皱眉，有人又时而又发出会心的微笑。萧统精辟的论述、流利的语言，深深地吸引、打动着听众。

不知不觉，萧统一口气竟讲了约摸两个时辰才尽兴而停。

这是一次成功的讲学，给听众留下了极其深刻的印象。

一个九岁的幼童居然登台讲学，而且能讲得有板有眼、头头是道，显然，是由于他有过人的睿智。

第
1日
则

尔朱敞金蝉脱壳

北魏是由鲜卑人在黄河流域建立起来的王朝，在近一百五十年的统治中，也曾出现过拓跋宏这样的英明君主，以实行汉化政策而知名于世。但其余的君主，大多数都是些庸庸碌碌的无能之辈。

北魏后期，政局的混乱一发不可收拾，权臣擅政，玩君主于股掌之中。尔朱荣就是一个大权在握、飞扬跋扈的权臣。公元528年，尔朱荣从前线赶回，对未经他同意拥立庄帝一事，十分不满，一怒之下，一口气竟杀了大臣一千多人。

物极必反。公元532年，大都督高欢起兵讨伐尔朱荣。双方剑拔弩张，在邺（今河北临漳）的韩陵山摆下战场，进行厮杀。结果，高欢大获全胜。

依靠军事实力为后盾而专权的尔朱氏，一旦丧失了军事优势，立即成了众矢之的。尔朱荣被诛杀，尔朱氏一门都跟着遭殃。

深受尔朱氏之害的大臣，乘机报复。为严防尔朱氏东山再起，他们要对尔朱氏家族实行斩草除根：不论老幼，一概格杀勿论。

尔朱荣有个堂侄叫尔朱敞，才十二岁，机警过人。尔朱荣曾把他看做是尔朱家族的希望。这一次，他自然也在被杀之列。

当前来捕杀他一家的士兵杀气腾腾地撞门时，家里一片混乱。尔朱敞乘人不备，从早已观察好的后院墙的一个洞里钻了出去，暂时躲过了屠杀。当他下意识地用手掸去沾在衣服上的灰尘时，心中突然一惊：我穿着这身华丽的衣服，逃到哪里也会被人认出来的。他于是一边跑，一边在想，如何把这身衣服尽快地换掉。

正跑着，见到几个小男孩在路边玩，他灵机一动，心想：何不使个金蝉脱壳之计，不然的话，性命一定难保。

尔朱敞走到一个与自己差不多高的小孩面前，指指身上的衣服对他说："你看，我这身衣服还不错吧！"

这个小孩一看，尔朱敞穿的是镶缀着珠宝的绸缎衣服，十分名贵。

尔朱敞对他说："你喜欢吗？如喜欢，我们就换一换，你穿我的，我穿你的。"

另一个小孩听了尔朱敞的话，插嘴说："他的衣服与你的相差十万八千里，你也愿意？"

尔朱敞笑笑说："我整天穿着它，都穿腻了。就算我们交个朋友吧！"说着就脱下了自己的衣服。

这个小男孩，也在同伴的怂恿下，脱下衣服，与尔朱敞交换着穿上了。

人靠衣服马靠鞍。尔朱敞穿上这个小孩的衣服，哪里还像富贵人家的少爷？

就是个平民百姓家的小孩罢了。

尔朱敞说了声“我走了”,就跑着离开了。向前跑了一段路后,又转了个大弯子,一会儿,便无影无踪了。

这个小孩穿上一身华丽的服装,庆幸自己交了好运。一个小孩说:“我敢说,他是一个十足的傻瓜。不然,素不相识,怎么会以自己这套这么值钱的衣服,换你那套衣服呢?”

正说着,突然一队骑兵围了上来,他们是奉命追捕尔朱敞的。一个长官用马鞭一指,两个士兵跳下马来,上前捉住了那个与尔朱敞换衣服穿的小孩。这个小孩吓得说不出话来,浑身直打哆嗦。

另外几个小孩子感到十分奇怪,大着胆子问:“我们在这儿玩得好好的,也没有犯法,你们抓他干什么?”

一个骑兵恶狠狠地说:“他叫尔朱敞,我们是奉命来抓他的。与你们没关系,你们让开。”

这几个小孩此时才恍然大悟,原来是被一个叫尔朱敞的人,换了衣服。当士兵们终于弄清楚他不是尔朱敞时,也就把他放了。

尔朱敞用了个金蝉脱壳之计,早已逃得远远的了。如果不是急中生智,与人换了衣服,尔朱敞一定会被杀掉的。

尔朱敞逃到嵩山,隐姓埋名十几年,没有人知道他是尔朱氏的后代。当他重新露面时,已是物换星移,时过境迁了。尔朱敞在北周,先是从军,冲锋陷阵,谋略过人,以军功升为刺史,又升至徐州总管,成为北周的封疆大吏。

第

19

则

李世民哭营成大业

唐太宗李世民是中国历史上最著名的皇帝之一。贞观之治，是他一生事业的巅峰，而事业的起步则是在创建唐王朝过程中。李世民屡出奇谋异策，率军冲锋陷阵，充分显示出了聪颖不凡、胆识过人的特点。

隋末群雄并起，逐鹿中原。在激荡的政治风云中，太原留守李渊的第二个儿子李世民，广交豪杰，审时度势，经过一番谋划，说服父亲李渊，乘机举起义旗，在太原起兵。然后，李渊率军三万，以两个儿子为左、右路军指挥官，直捣隋的老巢长安。

号令严明、威武雄壮的大军沿着汾水河岸向西南挺进。当李渊的军队进到贾胡堡（今山西灵石西）时，陷入了困境：由于连绵秋雨，道路泥泞，军队行动不便，粮草不足，援兵也未能如期赶到。再说，前方五十里是必经之地霍邑（今山西霍州西南），地形险要，城防坚固，据守霍邑的是拥有二万精兵的隋将宋老生。而此时，后方太原也传来消息，突厥人背信毁约，对太原虎视眈眈，构成威胁。

李渊对继续进军犹豫、动摇了，于是重新做出决断，下令军队回师太原，先保后方。左路军连夜开拔。李渊在营帐中独自一人喝了点闷酒，解衣就寝。

李世民得到回师的命令后，立即从右路军指挥部赶来见父亲。当他赶到李渊的营帐时，夜已深沉，李渊正在熟睡。李世民直奔卧室，却被卫兵阻止了。李世民想到：一旦回师太原，一切计划将付诸东流，即将到手的大业将成泡影。情况如此紧急，又见不到父亲的面，李世民急得如同热锅上的蚂蚁，在营帐中不停地走来走去。他想到，只有声音才能将父亲从沉睡中唤醒，而只有父亲改变主意，军队才能继续前进，左路军已回师多时，眼下早争取一点时间，就多一分希望。想着这些，他既悲伤又激动，不禁泪水夺眶而出。咦，何不用哭声唤醒父亲！李世民急中生智哭了起来。同时他内心确实也感到悲痛，便泪如泉涌，一哭而不可止。哭了一会，见里面仍无动静，他索性号啕大哭起来。哭声凄凉，响彻营帐。

李渊被惊醒了，披衣而起，走出卧室，揉揉惺忪的睡眼，看着李世民，吃惊地说："我儿有什么伤心事情，深更半夜了还哭个不停？"

李世民一把抹去眼泪，盯着父亲的脸，急切地说："父亲，开弓没有回头箭。我们不是已定好进军长安以争天下的大计吗，为什么要中途变卦，突然下令回师太原？"李渊明白了，原来李世民是为退兵之事而痛哭，于是以劝解的口气对儿子说："我们前有劲敌，后方又告急，粮草不足，援兵未到，不退兵不行啊。我们只是暂时先回太原，待巩固了后方，粮草充足，无后顾之忧了，再出来争夺天下，到那时还愁天下不归我们？"

李世民争辩说："退回去容易，再出来难了！道理很简单，气可鼓而不可泄，进是鼓气，退是泄气，因此，兵只能进而不能退。至于粮草，不成问题，眼下正是秋熟时节，我们就地筹集，还怕粮草不足？前有劲敌，更不是退兵的理由，宋老生是绊脚石，我们要搬掉他；是拦路虎，要坚决地打掉他。两军相逢勇者胜。如果连宋老生我们都不敢打，我们凭什么去与群雄争天下？至于后方稳不稳，还取决于我们在前方战事的进展情况。如果现在回去，突厥人就会轻视我们，不但无助于缓解太原的压力，反而会增加太原的危险。援军未到，怕什么？养兵千日，用在今时。我们的将士早已摩拳擦掌，进入临战状态，士气高昂，军心可用。有利条件完全在我们一边嘛！父亲，机不可失，时不再来啊！”

“依你之见，我们还要进军？”李渊说。

“对！兵贵神速。形势明摆着：越是勇往直前，越是有取胜、成功的机会！”李世民说得斩钉截铁。

“但将士的家属全在太原，我不能不顾啊！”李渊还是心有顾虑，忧心忡忡地说。

李世民很有信心地说：“我们在太原起兵，打的是吊民伐罪的旗号，出的是拯救天下生灵的仁义之师，得到将士的热烈响应，这样的军队，进则得人心，退则失人心；进才有可能获胜，退则从此不可收拾。进是抓住了千载难逢的好时机，退则成为遗恨千古的憾事。”李世民用手指指营帐外游动哨兵的身影，继续说，“将士跟随我们起兵，渴望建功立业，光宗耀祖。我们只有一往无前，不断胜利，将士才有盼头，他们的愿望才有可能变为现实。如果我们现在半途而返，就会大失将士所望。所以，我们继续进军，就是顾全了将士利益。只有将士得到了利益，他们的家属也才有利益可言，皮之不存，毛将焉附？再说，我们退兵，如果宋老生乘机率军追击，我们军队又施展不开，不是死路一条吗？眼下的形势，对我们、对全军将士来说，进军是生路、活路，退兵只能是死路、绝路！请父亲三思而行，千万莫失良机啊！”

李渊听了李世民一番透彻的分析，猛然省悟，一拍大腿，说：“哎呀！这么糊涂，我怎么就没想到这些？那误事了，军队已依令撤回了，怎么办？”李渊以期待的目光看着李世民。

李世民接口说：“左路军虽已开拔，还没走远，马上追回！右路军纪律严明，训练有素，可以使用，天明后，就可以投入攻打霍邑的战斗！”

李渊以完全信赖的口气说：“成败、兴亡、生死，全在你一个人身上了，就依你说的去办吧！”

李世民等人走出营帐，飞身上马，连夜出发，去追赶向太原进发的左路军。

义宁元年（617 年）八月初，天气放晴，攻打霍邑的时机成熟了。李世民督率右路军，李渊长子李建成督率左路军，李渊居中调度，三万士兵向霍邑发起了猛烈进攻。

全军士气高昂，将士效命。李世民左右奔突，身先士卒，冲锋陷阵，经过一天的激烈战斗，李渊的军队攻占了以雄险著称的霍邑。

霍邑一战，是李家父子正式出兵以来取得的第一个重大胜利，从此，势如破竹，李家父子取得了一个又一个军事上的胜利，直至攻下隋都长安，建立起唐王朝。

在关键时刻，李世民的建议，挽救了李家父子的宏图大业，这充分说明李世民是一个有头脑、有谋略、善于决疑定计的人。

这一年，充满智慧与活力的李世民只有十八岁。

第

20

则

裴略讽诗得官

裴略是唐太宗时期的一个宫廷侍卫，他是以勋贵后世的身份被选入宫中担任侍卫的。在唐代，凡是勋贵，高、中级官员的子孙，而又生得五官端正、相貌堂堂的，就会被朝廷分别录用为宫廷、王府、京城的侍卫。入选的人也同时获得一种“出身”资格，即任侍卫满期后，可以直接参加吏部或兵部主持的文武考试，考试合格后，即可授以官职。

裴略头脑灵活，为人机警，当了两年多的宫中侍卫，长了很多见识，也认识了不少朝廷大臣。

这一年，裴略参加了兵部举行的考试。考完后，裴略自我感觉考得不错，觉得很有把握被录取。但到了开榜之日，裴略竟名落孙山，榜上无名。气恼之余，他心生一计：何不去找宰相温彦博申诉一下，或许还有转圜的余地。想好了以后，他马上动身去找温彦博。

裴略是宫中侍卫，与宰相家的门人也有一面之交，没费什么周折，便进入温彦博的官邸。

正巧，这一天兵部尚书杜如晦也来到温彦博家中，两人在客厅里饮茶交谈，看来已有好一会了。

裴略本来想向宰相申诉，进入大厅，一看杜如晦在座，气氛也不对，上前施了礼后，便临时改换了一个话题。

裴略彬彬有礼地对温彦博、杜如晦说："我在宫中干了几年，长了不少见识。我觉得自己能明辨事理，记忆力极好，尤其是对语言特别敏感，别人说一段话，我能一字不漏地加以复述，如果在朝廷做个通事舍人（呈奏案章的官员），我自信还是称职的。"

温彦博一听，笑了，心想：还有这样自命不凡的人。他看看杜如晦，又看看裴略说："太宗皇帝爱才惜才，古来少有。但他量才录用，视能授职，要通过一定的考试程序。刚结束不久的兵部考试，就是为选拔人才而举行的。根据你刚才所说，你是个有特殊才能的人，你参加这次考试了没有？"

裴略便说："我不但参加了，而且考得很好，至多，也不过错几个字而已。但也许，也许是考官们喝多了酒，眼睛看花了，录取时把我的名字给漏掉了。"

温彦博哈哈大笑，对杜如晦说："你看看，到这儿来告你们兵部的状了。"

杜如晦说："有人评卷，有人复查，还有人检查，目前尚未听说发现过什么差错。你感觉考得好，别人考得更好哩，你这次没录取，下次再考么。"裴略一听，心里凉了半截。

杜如晦接着又说："看你这样能说会道，你还有何才能？"

裴略一听，转忧为喜，马上大声回答说："我还会写诗作赋，不信您出个题试试。”

温彦博一听，抬头看到厅前甬道两旁的数枝翠竹，对裴略说：“你就以竹为题，赋诗一首吧。”

裴略低头思索一会，出口吟道：“庭前数竿竹，风吹青萧萧。凌寒叶不凋，经冬子不熟。虚心未能待国士，皮上何须生节目。”这首诗，抓住了竹子外表有节，内里空虚，经冬不凋，经夏无子的特征，讥讽竹子是徒有其名，徒有其表，而不务实际。实际上是指桑骂槐，一语双关。

温彦博、杜如晦听后都说作得好。

温彦博心想：也许他已作过以竹为题的诗了。于是又用手指指屏风对裴略说：“你再以屏风为题，作诗一首。”

裴略说声“好”，就慢慢走到屏风前，口中吟道：“高下八九尺，东西六七步。突兀当庭坐，几许遮贤路。”略一停顿后，突然提高嗓门大声说：“方今圣明在上，辟四门以待天下士人，君是何人，竟在此妨贤。”话音刚落，“哗”的一声，竟将屏风推倒在地。这首诗，明里是说屏风挡道，实际是嘲讽当权者不识人才，堵塞贤路。

裴略说话时，吐字清晰，语调铿锵，声音弘亮，落落大方，刚进大厅时的一番自我表白，确非虚言妄语。

温彦博听了，对杜如晦说：“您听出来没有，他的弦外之音，是讽刺我温彦博的。”说罢，一阵爽朗大笑。

裴略一面用手指着胳膊和肚子，一面说：“不但刺膊（博），也是刺肚（杜）的。”

温彦博、杜如晦听了，不觉被他的机警逗得哈哈大笑起来。

没过几天，补齐手续后，裴略被授予一个陪戎校尉的武官官职，这只是武职中的第三十阶,从九品的官。

毕竟是当官了,裴略的第一个目标实现了。如果没有他充满智慧的策略,连这样的一个官职,也是可望而不可即的。

第

21

则

卢庄道奇才得奇遇

记忆力特别强的人，无论什么东西一看后就能牢牢地记住，这被称为过目不忘。

唐太宗亲自提拔的监察御史卢庄道，就是一个记忆奇才。奇才而得奇遇，因此，年纪轻轻便成了权倾一时的朝廷重臣。

卢庄道的奇遇是在他十三岁时，当时他怀里揣着自己的文章去父亲的朋友高士廉府上拜访，此时的高士廉担任着吏部尚书之职，深受唐太宗的信任。

因为是朋友的儿子，通报姓名后，卢庄道即被客客气气地请入客厅就座。卢庄道坐下与高士廉还没有谈上几句话，又有人来向高士廉投献自己写的文章。来客见有人在座，于是便谢绝了主人的挽留，约定改日再来讨教，丢下文章后就走了。

卢庄道乘着高士廉送客的间隙,将这个人丢下的文章一目数行地很快看了一遍。

过了一会,卢庄道指着几案上的文章对高士廉说:“这文章是我写的。”明明是刚才那人送来的,怎么卢庄道会说是他写的？高士廉感到好生奇怪。当卢庄道又重复说了一遍后,高士廉忍不住地责怪他:“年纪轻轻的,怎么能随便把别人的东西视为己有呢?”卢庄道见他大为不快,便说:“不信,我就背一遍给您听听。”他果然一字不差地背了一遍。接着卢庄道又说:“您再不信的话,我倒着背一遍给您听听。”果然,又是倒背如流。高士廉大为惊奇,真的相信是卢庄道所写了。

两人进行了范围广泛的交谈,卢庄道广博的学识,过人的见解,给高士廉留下难忘的印象。这时,只见卢庄道站起来,向高士廉深深地行了一个拱手礼,说:“实不相瞒老世伯,刚才那篇文章,并非出自我手,我只是偷偷地看了一遍。请老世伯见谅!”高士廉这下真的糊涂了,弄不清这小孩到底是怎么一回事。

高士廉决定测试一下卢庄道,他随手取来一部书,随手翻到某一页,卢庄道接过书后,飞快地看了一遍,然后背给他听,居然背得一字不差。连续试了几次,都是如此。这下高士廉服了,因为,高士廉记忆力也特别好,在别人面前,也是个过目不忘的人。没想到,卢庄道的记忆力,竟远远在自己之上。真是人外有人,天外有天啊!

第二天上朝,高士廉便向唐太宗一一报告。爱才惜才的唐太宗立即召见了这位“奇人”,一试果真名不虚传。

唐朝为广开取才之路,对一些具有特殊才能的人,进行单独考试,称为制科。制科出身,名望虽高,但还在进士之下。后来,卢庄道参加制科考试,入选优等的甲科。唐太宗召见时,一见到卢庄道就认了出来,用手指着他,对旁边的大臣说:“这就是我前几年见过的那个绝顶聪明的小孩子呀!”

不久，卢庄道被授职长安尉（管追捕盗贼、催征课税）。

一日，卢庄道接到尚书省的通知，太宗皇帝体恤民情，将亲自检查有无冤狱，因此，要对长安在押的四百多囚犯，一一加以甄别。京兆尹感到事关重大，便以卢庄道年轻，任职不久，对刑狱情况也不熟悉为理由，暂时让一个老成干练的官员来代替他，免得被皇上一问三不知。而卢庄道却不愿让别人来代替。因这是卢庄道职掌之事，京兆尹也不好勉强他，只是一再关照，要他尽快把情况弄清楚。

时间如此紧迫，要一下子弄清楚四百多人的情况，可真不容易。同僚们深深为卢庄道捏了一把汗。而卢庄道却是那样从容自若，显得比别人还轻松许多，照常饮酒消遣。

第二天，唐太宗便召长安所囚人犯，卢庄道在一旁介绍情况。他对每一个在囚之人的系狱时间，所犯过失，依据哪条律例量刑，都说得清清楚楚，滴水不漏；并对量刑轻重，适当与否，加以评论；对唐太宗所问之事，都能应对如流，简直无可挑剔。

唐太宗惊喜异常，当天就下诏，提拔卢庄道任监察御史。这虽是个职位不算太高的官职，但是一个拥有广泛权力，为皇帝所倚重的职务。

过目不忘的奇人，得到了英明皇帝赏识的奇遇，也实在是奇事一桩。

第

22

则

裴琰之清理积案

唐高宗时，出身于贵胄世家的闻喜（今山西闻喜东）人裴琰之，年纪还没有满十八岁，便以门荫资格被政府委以同州（今陕西大荔）司户之职。这是一个职掌全州户口、婚姻、田宅、杂徭等事务，官位不过八品，却终日忙忙碌碌的小官。

裴琰之自幼生活在京城，交游贵族子弟，出入王侯之家，锦衣玉食，潇洒自在，根本不把司户的职务放在眼里。但这是朝廷的差遣，又不能不去，因此，去是去了，但很勉强。

裴琰之自幼聪明过人，不仅能一心二用，而且能三用、四用，被人视为“奇童”。他也自恃聪敏，对待任何事情都显得满不在乎。

到任后不久，裴琰之就感到了地方官生活的清苦忙碌、单调乏味。每天有处理不完的事情,这些事情又都是些琐屑之事,生活也远不像在京城那样舒适方便,富于情趣。

裴琰之到同州后不久,就结交了一批年龄相仿、气味相投的伙伴。于是在一起饮酒作乐、下棋消遣,玩得高兴起来,往往通宵达旦。对于公务,渐渐地从敷衍到不屑一顾,同僚对此很有意见,但他们拿裴琰之毫无办法。

刺史李崇仪勤于政事,凡事认真,对下属要求严格,对于裴琰之不理公务之事,早已有所风闻。这天,他在州署的庭院中遇到了司户手下的一个办事员。于是就问他,刚到任的年轻司户办事能力如何。

这是一个四十岁上下的老办事员,业务熟悉,渴望得到提升,但总也升不上去;而对一个十几岁的年轻人来当自己的上司,他内心感到有一股说不清的、酸溜溜的滋味。于是,他乘机对刺史李崇仪说:“我们这位司户啊,还是个玩心十足的小孩子哩!对所经管的事,既不懂又无心过问,只知和一班朋友没日没夜地在一起玩、喝酒,办公的地方哪里能见到他的人影?”

李崇仪一听,大为不快,但他也很世故,不想开罪这位来自京城、又有来头的年轻人。于是他把裴琰之请到家中,以关心的口气说:“同州属大州,人多事也多,司户的工作更是千头万绪。你一天到晚,疲于应付,付出的时间、精力比别人多不说,还难以让人看到政绩在哪里。先生何不另求一清闲的京官之职呢?京官是皇上的近臣,天下的中枢,前程自然要比在这儿大多了。”

聪明的裴琰之自然听出了“下逐客令”的弦外之音,心想:早晚我也是要走的,你能把我推走,再好也没有了。

不过,这次谈话以后,裴琰之还正正规规地上了几天班。时间一长,裴琰之又我行我素了,属员议论纷纷,他竟充耳不闻,案头上的公文堆积如山,裴琰之也视而不见。

李崇仪得知后大为恼火,将裴琰之召到衙署,严厉地批评了他的失职,自知理屈的裴琰之也不辩解。出来后裴琰之便问属员:“究竟有多少需要处理的公文?”

“急着要马上办的就有二百多件,可以缓一步再办的,难以胜数。”属员如实相告。

“就这么点要办的事呀,我还以为有多少呢。”裴琰之以漫不经心的口吻说。

属员心想:二百多件还少吗?够你加班去干了。

裴琰之对属员说:“我们现在就把急办的事处理掉吧!”

裴琰之指挥着属员在书案上同时铺开十几张纸,又让五六个人同时磨墨,满满地装了一大碗。然后,裴琰之对属员说:“我们现在开始吧,大家都不要停,你说你的,他说他的,我们同时进行。”

只见裴琰之耳朵听着属员的汇报,嘴巴对着另一个属员作如何办理的交代,同时,手中的笔又在飞快地写着批复意见。看起来乱糟糟的,实际上却是忙而不乱,有条不紊。

这种奇特、快速处理公务的方式,立即轰动了整个州署,大家都凑过来围观。裴琰之目不斜视,旁若无人,只顾专心做自己的事情,五六个属员手忙脚乱,好不容易才跟上裴琰之的速度。不过半天多一点的时间,那么多积案已分别处理完毕,而且件件准确无误。

如此迅疾利索的办事方式,人们闻所未闻,这下算是大开了眼界,大家对他的态度立即由鄙夷而变为钦服。

刺史李崇仪对裴琰之的态度也大为改变,为他摆酒庆贺,称裴琰之为“奇才”、“霹雳手”。

从此,“霹雳手”的大名远扬,渐渐地代替了裴琰之的真名。不久,裴琰之这种敏捷非凡的才能受到赏识，他被提升为雍州（今陕西西安西北）判司，佐理刺史掌管文书事务，让“霹雳手”有更大的用武之地。

可惜，由于裴琰之性情疏散、耽于饮酒，不愿受官场的清规戒律约束，因此，终其一生，也只当到一个仓部郎中的官，即户部的高级属员。但裴琰之一心能多用的奇异才能，是极少有人能与之相比的。

第

23

则

千古绝唱话王勃

地处黄河之滨的绛州龙门(今山西河津),得黄河之灵气、太行之钟秀,自古便是人杰地灵之地。盛唐初期诗坛上的年轻秀才王勃,便出生在这里。

才华横溢的王勃,只活了短短的二十七个春秋,但他在唐诗这个瑰丽博大的艺苑里,却以其独特的风格、敏捷的才情,留下了千古不衰的诗名。王勃、杨炯、卢照邻和骆宾王,被人并称为"初唐四杰",而王勃则被公认为居于"四杰之冠"。

王勃出生在一个文化气氛很浓、以文名世的读书仕宦人家。他的叔祖父王绩,就是一个对唐代诗歌具有开山之功的著名诗人。天性聪颖的王勃,从小耳濡目染,深得家学真传,幼年时便显出过人的才情与悟性:六岁时就能写出一手好文章;九岁时就能从著名学者颜师古所作的《汉书》注中挑出毛病，于是，著《指瑕》十卷加以纠正，俨然是一个敢于向权威挑战、狂而可爱、才高八斗的“神童”。

更令人击掌叫绝的是：王勃年未及冠，却以一篇大气磅礴的《滕王阁序》而成不朽之名，同时也留下了一段千古佳话。

那是在他十四岁的时候。

这年秋天，王勃去江西探望做官的父亲。途经南昌时，恰逢滕王阁修缮完毕。身为地方长官而又略有文采的府帅阎伯屿十分高兴，将此看作是为政地方、教化兴隆的一大政绩。于是，为庆贺修缮一新的滕王阁落成，他决定在滕王阁大宴宾客，日期选定在重阳节。

这一天，秋风送爽，金桂飘香。应邀参加盛会的各界名流、知名文人墨客，济济一堂，笑语喧阗，聚集在滕王阁。他们既盛赞阎伯屿主政地方的功德，也惊叹滕王阁的壮丽、精致。王勃也应邀参加盛会，坐在一个极不显眼的位子上。

阎伯屿还有一个隐藏在内心的用意：即通过这个聚会，向人展示女婿孟学士的才情，翁、婿二人好在这地方上，一个主军政，一个主文坛。孟学士年纪很轻，人长得也帅，小有才情，文章写得很漂亮。此时，他正志得意满地坐在岳父阎伯屿的对席，趾高气扬，除了阎伯屿一人，似乎谁也不在他的眼里。事先写成的《滕王阁序》，他已熟记在心，只等到时候表演一番，一挥而就，作为即兴之作，便能取得一鸣惊人的轰动效应。那么，宴会上风头最足的，自然也就是他孟学士了。

觥筹交错，酒过三巡之后，阎伯屿着实地将来宾恭维一番，非常客气地请在座的才俊之士，文坛大家，动手写一篇滕王阁序，以记滕王阁之宏丽，重阳幸会之盛况。

说着，便命人捧来纸张笔砚，依次送至一个个来宾面前，请为滕王阁留下墨宝佳作。大家一则不敢在府帅面前放肆;再则,哪有下笔如神的文思捷敏的才干?于是,一个个均拱手敬谢不敏。当侍从只是为礼貌起见,走到王勃面前时,真正的轰动事件却出现了:王勃伸手拿起笔,神采飞扬,慨然应允。

满座宾客,老成持重的府帅,跃跃欲试的孟学士,无不万分惊讶。但阎伯屿心里清楚:即兴为文,哪有如此容易?毛头小子,接笔容易收笔难啊!于是,神情很快地由惊讶转为不屑一顾,命侍从看着王勃如何下笔。

王勃拿过笔,展开纸,落笔便写,起首一句是:“南昌故郡,洪都新府”,传至阎伯屿耳朵时,他摇摇头,不以为然地说:“这是老生常谈了。”接着听到王勃写“星分翼轸,地接衡庐”时,便默默地沉吟起来,隐隐感到后生可畏了。

越往后,随着王勃书写的文句,他开始感到王勃出手不凡,才情之盛,文思之敏捷,远不是女婿所能望其项背的。等听到“落霞与孤鹜齐飞,秋水共长天一色”时,阎伯屿十分震惊,忙不迭地说:“千古不朽,千古不朽矣!”在座者也无不露出惊喜之色,交口称赞,“才情难得!”“前无古人!”

王勃这篇异彩纷呈的《滕王阁序》,通篇文辞绚丽,却没有堆砌铺排之病;对仗工整,却不露人工雕凿之痕;气势自然奔放,文章一气呵成。文中描绘滕王阁四周景色、大宴盛况,情景交融,意境极为开阔,结尾感慨人生遇合,自抒身世襟怀,无限感慨。笔调豪迈,情绪高亢,壮士扼腕之情,溢于纸上。文采斐然,鬼斧神工,真是千古绝唱。

孟学士早作构思,预先写就的《滕王阁序》,早已湮没无闻,也许根本就没有面世。而王勃的《滕王阁序》却成为流传千古的不朽之作。

第

24

则

陈子昂碎琴扬名

梓州射洪(今四川射洪)人陈子昂,是唐代诗歌革新运动的倡导者,他有一首非常抒情的《登幽州台歌》:“前不见古人,后不见来者。念天地之悠悠,独怆然而涕下。”虽是短短几句,却意蕴丰富,意境苍茫,脍炙人口,使人百读不厌而流传千古。

然而,陈子昂年轻时却不为人所重视。为了获取世人对他文才的认可,在文坛上争得一席之地,他从巴蜀之地来到京都长安,渴望一展身手,渴望成为一个受人崇拜的大名人。

长安是京都大邑,人才济济,名流荟萃,要想在文坛上出人头地,显声扬名,谈何容易?当时的情况是,一个人要想成名,不仅要靠自己的出众才华,也要有王公贵族或文坛名宿的推荐。

陈子昂虽出生于一个拥有巨额资产的豪富之家，他慷慨任侠，机警过人，但在京城一时还施展不开。最初的两年，陈子昂一面埋头写作，一面也像其他年轻人一样，不停地向文坛前辈投献文章诗赋以求常识，但总是四处碰壁。陈子昂默默无名，不为人所知，为此，他常常扼腕长叹。

有一天，长安东市这个最热闹的商业区里，来了一位外地人，手里拿着一把光亮照人、精致异常的胡琴标价出售。其价格高得令人咋舌，而且卖主胸有成竹地说："一百万钱，少一个也不卖！"

一百万钱，在当时可是一大笔财富啊！谁愿意出这么多的钱来买一把胡琴？这件事，没几天便沸沸扬扬地传遍了长安城。感到好奇的人纷纷赶到东市来围观，看热闹。

陈子昂心想：机会来了，何不在这上面做做文章？主意已定，于是他便邀约几个朋友来到东市。

陈子昂拨开人群，走到卖主面前，拿起琴，上下打量一番，说："好琴，真是好琴，名副其实。"然后抬起头来，看着卖主说："就依你这个价，我买了。"

围观的人无不露出惊异的目光，发出一片"啧啧"之声。同来的一个朋友对陈子昂大声说："您是不是疯了？您不看看这琴值多少钱！花这么大的价钱买一把胡琴，您要干什么呀？"

陈子昂大声说："我喜爱音乐，精通琴艺，买回去，当然用它来演奏了。我从来没见过这么好的琴。既然是好琴，我就是倾囊购买，也值得呀！"

朋友摇了摇头，不做声了。这时人群中有人发话了："您有高超的演奏技艺，又是如此精美的一把琴，您能否当众演奏一曲，让我们饱饱耳福？"

陈子昂笑了笑说："当然可以。但是弹琴时要焚上一炷香，琴童拿着拂尘侍立一旁，才富有琴趣，这里不行啊。"说着他用手指指不远处那鳞次栉比的房屋，继续说："那是宣阳里，我就住在那里。你们愿意听琴的，欢迎明天上午光临寒舍。我也期待着你们多邀请些有名望、有文才的朋友一起光临。"

这样一个慷慨大方、精通琴艺的人，一时成了人们谈说的新闻。

第二天上午，宣阳里陈子昂的家中热闹非凡。一百多个来宾把家里挤得满满的，有不少人还在文坛上小有名气哩。陈子昂兴奋的脸上放出光彩，他跑进跑出，接待来客，指挥家人端上茶点。

有人对陈子昂说："我们慕名而来，是想听先生高超的演奏、美妙的琴声。请弹奏一曲吧。"

陈子昂神采焕发地站在人群中，大声地说："今天来了这么多的高朋佳宾，使我感到蓬荜增辉，三生有幸。"说到这里，他依次向四个方向各施了一个礼，继续又说："我来自巴蜀之地，胸有大志，腹有文才。我不是自夸，我写的文章，不敢说字字珠玉，也是篇篇不同凡响，但至今得不到认可。我把文章投献给一些学者，他们太忙了，连看一看的时间也没有啊！现在的风气，没有名人的提携、推荐是不行的呀！"

说到这里，陈子昂用目光环视一周，不少人对他的这一番话，感到莫名其妙，但因为与陈子昂有同感，也静静地听着。

陈子昂从书童手里接过琴，抬了抬手，又情绪激动地说起来："我会操琴演奏，但我不想把时间消耗在这上面，因为这是优伶做的事。"说着，举起价值百万的琴，"呼"的一声摔到一边去了。宾客哗然，不知陈子昂的葫芦里到底卖的是什么药。

陈子昂以十分自信的口吻说："我要做的事，就是写文章。你们看，我已写好了上百篇文章、诗赋了，我还会写更多的作品！今天，我请诸位来，就是想请诸位鉴定一下这些文章诗赋的质量。如果不好，我一把火烧了，毫不可惜；如果诸位先生认为写得好,那就请美言几句吧。”

说着,他让书童捧着一卷卷誊抄好的文章诗赋,跟在身后,陈子昂依次送给每位来宾一卷。客人们这时才恍然大悟:原来陈子昂是借此机会,获取名声。

陈子昂的文才的确属于上乘,他的文章,刚劲古朴;他的诗歌,格调清新,明朗刚劲,完全摒弃了南朝以来的形式主义,开一代诗风。

透过陈子昂慷慨摔琴的惊人之举,人们开始认识他的为人,认可了他的诗文风格。就在一天之内,陈子昂的声名连同他的诗赋文章,传遍了长安城。

陈子昂达到了目的。从此,他的身价倍增,长安城内的大街小巷都有人在谈论陈子昂,也都能听到对陈子昂诗赋文章的琅琅诵读声。

陈子昂的文名很大,但在政治上却始终不得志,后来射洪县令、以酷吏著称的段简,受武三思的指使,把他诬害致死,那时他才四十一岁。

第

25

则

刘晏九岁献颂文

唐代曹州南华(今山东东明东)人刘晏,是中国历史上最杰出的理财家之一。

刘晏的幼年生活,是在盛唐时期度过的,很自然地受到盛唐诗歌、社会风气的熏陶和影响。因而,自幼聪明伶俐的刘晏,很早便显示出了过人的才华,他写的诗文,文词秀美,笔力雄健,被乡人争为传抄诵读,小小年纪在家乡就大有名气。

唐玄宗开元年间(713—741),唐代社会出现了前所未有的繁荣景象。唐玄宗认为,连年的风调雨顺、政通人和,是上天特别眷顾的结果。为了感谢上天,开元十三年(725 年),唐玄宗率领文武百官,浩浩荡荡地前往五岳独尊的泰山,举行盛大的"封禅"(帝王祭天地的典礼)活动。

朝廷上下，一片歌功颂德之声。此时年不满九岁的刘晏，也加入了歌功颂德的行列。在唐玄宗自泰山回到洛阳的行宫时，刘晏呈送了一篇颂文——《东封书》。文中赞扬唐玄宗是尧舜再世、太宗的化身，国力强盛超过汉武帝时，百姓富足，前所未有：总之，唐玄宗是前无古人后无来者，天下第一的好皇帝。称赞唐玄宗不辞辛苦的“封禅”，是为国家求长治久安，为苍生百姓祈福祉安康，总之是一件功在国家、利在百姓的壮举。

这篇颂文引经据典，文辞华美，写得热情洋溢，潇潇洒洒，大大地称颂了唐玄宗一番。已经被文武官员的颂扬弄得飘飘然的唐玄宗，看完颂文后，乐不可支，又惊喜地发现了一个“民意”代表——不满九岁的刘晏。

唐玄宗传令在行宫召见刘晏。第一次见到万民仰望的皇帝，刘晏兴奋地满面泛出光彩，而举手投足却显得不慌不忙，风度翩翩。唐玄宗问刘晏：“是谁让你写颂文的？”

刘晏从容回答说：“发自肺腑之声，出自内心之情，完全由我自己想、自己写的。”

唐玄宗又问：“你怎么知道我在这里，到这里来献颂文？”

刘晏回答说：“皇上心里有百姓，百姓心里有皇上，皇上的行止，谁人不仰望？再说，皇家的威仪、气派，谁人又能比得上？”

刘晏的言谈举止所表现出来的智慧，远远超过了同龄人。唐玄宗对气度不凡的刘晏十分满意，于是对刘晏说：“我就要回长安，你愿不愿随我同行？”

刘晏响亮地说：“圣恩浩荡，草木逢春。能随侍皇上左右，是我梦寐以求的，也会使我家门楣生辉，我心中十分乐意。”

当时也有人指出，这篇锦绣颂文，不可能出自一个小孩子之手，而是有人为他代笔，目的在于沽名钓誉，欺世盗名。

于是，皇帝让宰相张说当众对刘晏的知识、才能进行测试。刘晏面对威严的考官，众多表情严肃的旁观者，镇静自若。张说与旁观者所提的问题，刘晏都能对答如流，说得头头是道。测试结果表明：刘晏所献的颂文，完全出于自己之手。

张说乘机对唐玄宗说："这真是皇上的福气。好啊！刚刚结束了'封禅'，万能的上天便把神童赐给了皇上。主上圣明，国运才能昌盛，奇才才会出现啊！"

唐玄宗听了张说的话，别提多高兴了。他马上下令授予刘晏秘书省正字（校勘图书的官员），刘晏成了政府中最年轻的官员。

到长安后，刘晏看教坊艺人表演顶竿杂技，精彩纷呈，惊险异常，有感于怀，马上口占一首七绝诗：

楼前百戏竞争新，唯有长竿妙入神。
谁得绮罗翻有力，犹自嫌轻更著人。

刘晏后来在政府为官五十多年，担任过从中央到地方的许多职务。最为人称道的是，刘晏掌管政府财政收支二十余年，兴利除弊，革故鼎新，成为一代理财专家。

第

26

则

奇童李泌吐妙语

生活于唐朝中期的李泌，先后辅助过四位皇帝。他以善于出谋献策而受到皇帝的信任与重用，官至宰相，位极人臣。同样，他也因聪明过人而遭庸才嫉妒，多次受到诋毁、攻击，曾被逐出朝、罢过相，也险遭杀身之祸。李泌那风风雨雨的一生，极富传奇色彩。

李泌从小就很聪明，七岁时写诗作文，才情洋溢，其智力水平远远超过同龄儿童。他的聪明之名传到京城，因此，唐玄宗在开元十六年(728 年)征召李泌进京。李泌入宫之时，唐玄宗与魏国公张说正在下棋，唐玄宗想试试李泌的才能，便示意张说出题考考他。

张说便以棋为题，问李泌说："你能用方、圆、动、静四个字来比喻弈棋的道理吗?”

李泌从容不迫地说:“请您将要求说得具体一些。”

张说说:“方,好比是棋局。圆,如同是棋子。动,犹如使棋活了。静,就是死棋了。”

张说刚说完,李泌马上接着说:“方,好比是出正义之师去吊民伐罪,把棋子调至对方阵营。圆,好比是运用智慧、智谋,如部署战阵,策划谋略,陷对手于困境。动,如同聘任才能之人,将他放在最能发挥长处的岗位上。动用棋子,就像用人,要恰到好处。静,犹如克敌制胜之后的满意,每下一步棋,就是一步绝妙好棋,使对手只有招架之功,没有还手之力。”

一番话,说得唐玄宗连连点头。张说以皇上又得到一个奇才而向皇上祝贺。唐玄宗高兴地说:“这个小孩子的智慧和见识,远远地超过了实际年龄。”唐玄宗给了李泌很多赏赐,并派人将“好好加以抚养”的圣旨,传达至李泌的家中。从此,李泌的声名誉满京城。

当时的宰相张九龄也十分喜欢小李泌,常常派人将李泌接到家中,十分看重他。他还让李泌跟随在自己身边,连与来客交谈,也让李泌站在一边听着。张九龄当时和严挺之、萧诚两人的关系都很好,但严、萧之间相互交恶,势不两立。并且,严挺之还劝张九龄不要去理睬萧诚,说萧诚生就是一副小人相。

这一天晚上,张九龄倒背着双手,若有所思地在书房里慢慢地踱着方步,边踱边自言自语:“严挺之这个人敢于说话,不留情面,个性太强了些。而萧诚,则谦恭有礼,性情随和,这样的人好交往。”说着,就要派人去请萧诚来府上一谈。此时,李泌正在一旁,听了张九龄的话后,忍不住对张九龄说:“先生原先是一个普通的读书人,就是因为刚正、直言、进取心强,才深得皇上信任,升至宰相之位。而您现在却打算与萧诚多来往,这不是与先生为人处世的初衷相违背了吗?”张九龄听了李泌的话后，改变了主意。

从此，张九龄呼李泌为“小友”。年龄相差四十九岁的一老一小，竟成了忘年之交。

第

27

则

白居易『跃龙门』

中唐时期的大诗人白居易，是唐代诗坛上最引人注目的人物之一。他写的诗针砭时政，讽喻权贵，语词辛辣，不留情面，使当权执政者读了如坐针毡。他关心社会下层，诗歌反映了人民的疾苦，寄同情于笔端，明白晓畅，妇孺皆知。

白居易的诗，风格独特，雅俗共赏，感情真挚，语言生动凝练。白居易去世时，唐宣宗李忱也附庸风雅，以诗相吊，在《吊白乐天》一诗中有一句“童子解吟《长恨曲》，胡儿能唱《琵琶行》”，足以说明白居易的诗流传之广。

出生于诗书之家的白居易，天赋很高，自小就绝顶聪明。当他还未曾开口说话之时，心里已能默识“之”、“无”二字。白居易的乳母无意中发现小孩有这种能力，以口读“之”、“无”二字之音,由白居易用手相指来测试,百读百指而不误。隔了几天再试,仍然丝毫不差。由别人来读,给白居易指,也百试不错,家人十分惊奇。

白居易会说话之时,诗文功底还不错的父亲白季庚,于公务余暇,亲自教子读书识字,希望他将来走科举道路。心灵聪慧的白居易,在父亲的督导之下,进步飞速,五六岁时已经谙熟声韵,九岁时写诗用韵,已是十分熟练了。

唐德宗贞元三年(787 年),十六岁的白居易带着满腔的希望与自信,只身来到京城长安,谋取出路。此时的长安,经过安史之乱的浩劫,已不见盛唐时期那种繁华升平的气象。但京城那种特有的天下中枢的气势,人烟辐辏、商业繁盛的情景,仍然处处可见。白居易无暇顾及这些,而是怀揣自己的诗集,在人流中穿行,慕名前去拜访大诗人顾况。

唐代科举取士,不仅看考试成绩,还要看有没有社会名流的荐举,因此,盛行一种"投卷"之风。考生纷纷奔走于名人公卿门下,投上自己的得意作品,以求获得知遇。而考试的举子一旦受到达官贵人、文坛名宿的赏识,知名度便会大增,身价抬高,考中的机会也就大一些。

白居易"投卷"的对象是顾况。顾况此时正任朝廷中掌管撰拟文字的著作郎,在诗坛上很有名气。但顾况自恃他的才气,从不把一般年轻人不放在眼里。顾况性情又十分耿介,厌恶沽名钓誉之徒,从不违心地为人捧场。因此,有的年轻人曾来此"投卷",结果碰了一鼻子灰,自讨没趣。由于顾况惟才而评,评价中肯,经他奖掖的年轻人便能身价百倍。当时长安士人中流传着一句话:"要登顾况门,好比鲤鱼跳龙门。"

白居易就是冲着顾况的爱才、惟才是举前去登门拜访的。当顾况从这个陌生、文弱、眉清目秀的少年手中接过一册抄写工整的诗集时,他上下打量了白居易一番,再看看封面上的"白居易"署名,笑笑,不以为然,而又不失幽默地说:

“近来长安物价暴涨,米价贵得很呀,‘白居’不‘易’啊!”

待顾况翻开诗集一首首读时,即为白居易诗里所洋溢着的灵气、文才所倾倒,他不时抬起眼看看白居易,仿佛要在两者之间找出什么似的。当顾况读到《赋得古原草送别》这首五言律诗时,更是拍案叫绝。这首诗的内容是:

离离原上草,一岁一枯荣。

野火烧不尽,春风吹又生。

远芳侵古道,晴翠接荒城。

又送王孙去,萋萋满别情。

这首诗把写景与送别融为一体,立意新奇,格调清新,结构严密,韵味无穷,表现出了年轻人乐观向上的精神。顾况顿时被这个年轻人的出众才华所征服!于是,他站起身来,连忙用自我解嘲、不无歉意的口吻,对白居易说:“人才难得,人才难得啊! 用了这样的语言,写出如此绝妙的诗句,长安米价虽贵,‘居’则‘易’矣!”

白居易舒心地笑了,因为诗作受到文坛前辈的鼓励,“龙门”难跳,而白居易却跳过了这道“龙门”。

满怀喜悦的白居易告辞后,顾况还在客厅中踱着方步,自言自语地说:“我还以为,只有自己是斯文之人,但在这个青年人面前,我哪有什么斯文可言啊!后生可畏,前途不可限量啊!”

果然,顾况对白居易的诗大加传扬。少年诗人白居易与他的名篇,很快就在长安不胫而走,轰动了诗坛。

贞元十五年(799 年),白居易参加了科举考试。凭借他那渊博的学识和出众的才华,取得了优异的成绩,被录取为进士第四名。在同榜的十七名进士中,白居易是最年轻的一个。

第28则

颖悟全才林杰

唐文宗时，福建侯官（今福州）有个名叫林杰、字智周的“神童”。这个“神童”聪明过人，才智出众，一时轰动了文坛。

林杰五岁时便能出口成章，下笔成文。这一天，他的父亲林肃带着他去观看道教徒举行的宗教仪式。林杰在一边聚精会神地观看，他身边的一个人问林杰说：“他们举行的这种仪式，你看得懂吗？”

林杰稚声稚气地说：“我都看懂了，我还以此为题，写了一首诗呢。”说着他便随口吟诵起来：

羽客已归云路去，丹炉草木尽凋残。

不知千载归何日，空使时人扫旧坛。

这个人大惊失色，一连声地说：“神童，神童，真是神童。”他完全没有想到,一个稚气未脱的五岁幼童,竟能写出这样的诗句。其他人得知后,争相把林杰所作的这首诗抄录下来,相互传诵。

自此之后,林肃专门聘请了家庭教师,来正正规规教林杰学习诗文。林杰自己对写诗也有了兴趣,每天都写一首,很快便集成一卷。按照当时的习惯,他还把诗卷投献给福州按察使(掌地方的行政)唐扶。

唐扶早已听说过林杰的大名,但一直将信将疑,他并不怎么相信林杰能独立写成被人传诵的诗。唐扶把诗卷一一展开,大为惊异,透过这些诗,他看到了林杰的灵气。于是,他把林杰破格安排进州学学习。林杰成了州学中年纪最小的学生。

正巧,没过多久就遇上农历七月初七,这一天是传说中牛郎织女相会的日子。民间相传,如果谁能在葡萄架下听到牛郎与织女的窃窃私语声,在这一年中他都将会交上好运。妇女在这天晚上要穿七根针,称为“乞巧”。

这天傍晚,唐扶将州学的几十个学生召集到州署的后花园,摆下瓜果茶点招待他们。唐扶令他们以七夕为题,每人作诗一首。有的学生文思滞涩,久久难以下笔;有的学生搜肠刮肚,也找不到合适的词句,更找不到感觉,急得抓耳挠腮。而林杰则不慌不忙,很快写成一首诗:

七夕今朝看碧霄,牵牛织女渡河桥。

家家乞巧望秋月,穿尽红丝几万条。

林杰这种敏捷的才思,老成的手笔,又引起唐扶一阵赞叹。

州学里出了一个罕见的神童,消息传出后,四乡的百姓都络绎不绝地来到州学,想一睹这个神童的风采。来的人多了,一时竟使门巷通道堵塞。

林杰写过一篇《仙客入壶中赋》,其中有这样的句子:“仙客以变化随形,逍遥放情。处于外则一壶斯在,入其中则万象俱成。飞阁重楼,不是人间之壮。奇花异木，无非物外之名。”文笔老练，才华横溢，对道教生活的理解与兴趣，甚至超过了一般的道教徒。

林杰九岁时，参加了一次文人雅士的聚会。酒足饭饱后，盛情的主人端上一盘新鲜荔枝，这时文人们诗兴大发，连续有人写了好几首咏荔枝诗，林杰也不示弱，也写了一首诗。当他把咏荔枝的诗与其他人的作品放在一起，让人品评时，大家对林杰的诗评价最高，而其中的一句又最为精妙。这句诗是：金盘摘下排朱果，红壳开时饮玉浆。

林杰的智慧与才华不但体现在写诗作赋上，就是在其他方面体现得也很充分。林杰的书法，无论是草、隶，都相当出色。林杰对下棋弹琴也十分精通。唐扶喜欢与人进行手谈，但他的棋艺实在不高。他常在大势已去、败局难挽之际，便派人把林杰喊来救驾。而林杰到来后总能想人之所未想，见人之所未见，力挽狂澜，出奇制胜。

林杰这样聪明，多才多艺，当时就有人为他作《奇童传》，高度赞扬他的灵性与智慧。可林杰只活到十七岁，令人十分惋惜。

第

29

则

三步诗才柳公权

书法界向有“颜筋柳骨”之称。颜、柳都是唐代人。颜真卿的字端庄雄伟，浑厚刚劲。柳公权的字本出于颜，但能自创新意，以遒劲丰润、结构严谨、自成一体，为后世楷模。故此，以“颜柳”并称于世。

柳公权是京兆华原(今陕西铜川耀州区)人。自幼深得家学真传，于诗、书无不用心，加之聪敏颖悟，思维敏捷，出仕之前，就很有名气了。中了进士之后，长期担任侍书学士，以诗书名擅天下。由于柳公权书法之名太大，以致掩盖了他其他方面的成就。

柳公权毕生致力于经学的研习，对《诗经》、《尚书》、《左传》、《国语》和《庄子》都有研究心得，造诣颇深。

柳公权的诗写得很有才情。一次，唐文宗李昂在宫中消夏纳凉，与学士们联句为戏。唐文宗起了个首句：“人皆苦炎热，我爱夏日长。”柳公权略加思索，应声而对：“熏风自南来，殿阁生余凉。”唐文宗认为柳公权的续句“词情皆足”，而且文思敏捷，十分赏识，说：“三国曹子建作诗，七步成诗，天下传为美谈，而你作诗只要三步嘛！”然后，叫柳公权将这首诗题写于殿壁上。柳公权遵旨握笔，飞龙走蛇，一挥而成。字写得很大，每个约有五寸见方，但笔意酣畅，个个饱满，骨力清劲，精美非凡。唐文宗赞叹道：“钟繇、王羲之也不能在你之上！”唐文宗当即加他少师官衔，但舍不得让他出宫，仍把他留在宫中。因此，柳公权一生，是在宫中皇家御笔的位置上度过的。

唐武宗时，还有过柳公权以诗救嫔妃的一段佳话。

一天，唐武宗李炎因处理朝中之事不顺心，而迁怒于一个嫔妃，一气之下，将这个嫔妃关了禁闭。事后气消了，又觉得此嫔妃是无辜的，便有心要放她。但在帝王之尊、帝王无错的观念下，又不能就这样把她给放了。恰好这时柳公权进宫，唐武宗觉得找到下台阶的机会了，于是便对柳公权说：“我责怪过这个嫔妃，但如果能得到你的一首诗，我就放了她。”说话之时，把视线移到案头堆放的几十幅蜀产花笺纸上，示意柳公权马上作诗。

柳公权提起笔来，慢慢地铺开十分名贵的花笺纸，略加思索，然后下笔就写。笔落诗成，顷刻之间，便成七绝一首：

不忿前时忤主恩，已甘寂寞守长门。

今朝却得君主顾，重入椒房拭泪痕。

不愠不火，语气把握得很有分寸；不怨不恨，对君主的感情依然绵绵如初。唐武宗看后，正中下怀，非常高兴，忙下令释放幽闭中的嫔妃，并且令这位嫔妃上前来拜谢柳公权，同时给了柳公权“锦彩二百匹”的赏赐。

柳公权的诗写得好，但难以在盛唐诗苑中有显赫地位。而他的书法艺术，不仅为后世所推崇，就是在当时，人们也是以得到一纸柳书为荣的，以致形成了"大臣家碑志，非其笔，人以子孙为不孝"的情况。连外邦来唐的使臣，也以求购到柳公权的一纸墨宝，为不虚此行。因此，流传下来的柳书碑帖很多。

第

30

则

曹玮借刀杀叛兵

北宋初年，西北的党项人在李继迁的率领下，不断骚扰、侵犯宋朝边境。这时北宋朝廷既要对付北方的契丹人，又要对付西北的党项人。因此疲于奔命，顾此失彼，十分头痛。

宋太宗赵光义这天召集朝中大臣，讨论西北防务问题。赵光义开口便说："党项人又大举侵犯我边境，边将支持不住，十万火急，请求增援。我想，这次要派个得力将领，镇守渭州（今甘肃平凉），遏制住党项人进犯之势，稳定边境形势。依众卿看，派谁去比较合适？谁能胜任？"

听了皇上的话，大家面面相觑，一片沉默。原来政府屡次派将领率兵去与党项人作战，但党项人一则凶猛剽悍，能骑善射，二则狡猾异常，打得赢就打，打不赢就跑，当宋军驻下时，他又没日没夜地进行骚扰。宋军每次不是损兵折将，就是劳师无功。能派的将领都已派去过了，现在，军情这么紧急，谁能临危受命，扭转局势？

大家缄默不语，大厅内死一样的寂静。

这时，只见老将曹彬上前奏道："小儿曹玮稍通谋略，治军有方。臣愿保荐曹玮前往西北，为皇上看守西北大门。"

赵光义深知老将曹彬为人沉稳厚重，对将门虎子曹玮也略知一二。他见大家没有提出反对意见，也没有更合适的人选，于是当即传旨："令曹玮为渭州同知。"

就这样，十九岁的曹玮，肩负重任，来到边境重镇渭州，走马上任，独当一面。

曹玮上任后，针对军队纪律涣散的状况，进行了严厉整顿，并加紧了训练。由于做到了赏罚分明，令行禁止，短短时间内，边防驻军的面貌就大为改观。

李继迁听说宋朝派了个少年来镇守渭州，大笑宋朝无人，并决定给曹玮一个下马威。曹玮确实是个难得的将才，面对党项人的进攻，他先是避其锋芒，一退再退。当党项人将骄兵疲、思想麻痹之时，曹玮突然挥师反击。党项人猝不及防，被打得丢盔弃甲，落荒而逃。曹玮指挥的第一仗，就打出了宋军的士气，扭转了宋军被动挨打的局面。

李继迁尝到了苦头，不敢小视曹玮了。于是他增派了间谍，一方面刺探宋军情报，一方面收买、策反宋军士兵，以动摇宋军军心。

军事活动中的用间与反用间，始终都是存在着的。从小熟读兵书、精通韬略的曹玮，深谙"知己知彼，百战不殆"之道。因此，他一到渭州任上，就注意利用原先的间谍系统，而且又逐渐建立了更有效的间谍网。通过这些渠道，了解了党项人的兵力、士气、活动等情况，这些情报对于曹玮准确判断敌情，做出相应部署，起到了重要作用。

李继迁派间谍颠覆策反，当然瞒不过曹玮。

一天下午，曹玮闲着无事，拉着一个副将在大营内下棋消遣。两人棋艺相当，各有千秋，是老对手了。曹玮经常腹有“妙着”，副将往往也胸有“奇招”，因此两人经常杀得难分难解。每次下棋时，周围总是围满了人观看。

两人的棋局很快便进入胶着状态。曹玮右手支着下巴，两眼盯着棋盘，正考虑着下一步棋如何走。忽然一个传令的士兵慌慌张张跑进大营，“报告大帅，刚刚接到消息，我们有十几名士兵逃离兵营，向党项人那里跑去了”。这个传令兵喘着粗气，急促地说。

听到这一消息，围观的人群迅速闪到一边，以吃惊的目光，紧张地注视着曹玮。

曹玮的眉头动了一下，头也不抬，伸出右手拿起“马”来一跳，说道：“将军！”嘿！真是一着妙棋。那位副将却有点心不在焉了，看看棋盘，看看曹玮，又转头看了看传令兵。

这个传令兵见大帅没有反应，以为大帅全神贯注于棋盘，刚才的话可能没有听到，于是提高嗓门大声说：“报告大帅，我们有十几名士兵叛逃到李继迁那里去啦，怎么办？请大帅指示。”

曹玮抬起头来，两眼瞪着这个传令兵，不耐烦地大声呵斥道：“你乱说些什么！简直乱弹琴。”然后压低声音故做神秘地朝两边看看说：“那是我派过去的。你这样嚷嚷，让人知道了我的计划怎么办?”说着，对传令兵挥了挥手，“这事不用你问了，你下去吧！”

噢，原来如此，在场的人都大大地舒了一口气。

曹玮派人过去的事，很快在军营中传扬开来，士兵们私下纷纷议论起这个计划的得失来。

曹玮与副将又继续埋头下棋，这一盘棋竟“杀”到红日西沉，曹玮才将对方的“老将”捉住，副将起立认输，曹玮大获全胜。

曹玮派十几名士兵打入党项人营中的情报，很快由党项人间谍，透过秘密渠道，报告给李继迁了。

李继迁一听，心想：若不是我的情报人员送来这绝密情报，岂不中了你曹玮的圈套？十分恼火的李继迁不由分说，马上下令将这十几名宋兵全部杀了，并派人乘着黑夜把这十几颗人头，抛到宋朝军营外，想要好好地气一气曹玮。

消息很快传到曹玮那里，曹玮大笑起来。原来，曹玮用的是反间之计，故意让混入宋营中的党项人间谍，送出假情报，借李继迁之刀杀了叛兵。

曹玮急中生智的寥寥数语，竟是一条妙计，而这条妙计收到了一箭双雕的效果。

宋营中贪图钱财的不坚定分子，看到了叛逃者的下场，也不敢再作叛逃之想了。而潜入宋营中的党项间谍送出的情报，李继迁也不敢轻易相信了。

李继迁领教了曹玮的厉害，知道斗智斗勇都不是曹玮的对手，于是，不敢再贸然进犯。北宋的西北边境，获得了一个时期的安宁。

第

31

则

杨亿幼小聪明大成材

随着科举制度的发展，到了宋代，取士的标准逐渐取决于应试时的辞章文字，而且不受年龄的限制。因此，宋代涌现了许多幼年聪颖而有才能的人，杨亿就是其中突出的一个。

杨亿，字大年，建州浦城（今福建浦城县）人。还在杨亿幼儿时期，稍通文墨的母亲便向他口授诗文。天资十分聪颖的杨亿，也随即能琅琅成诵。在父母的精心教育之下，七岁的杨亿说起话来虽然还是稚声稚气的，但已经能写出像样的诗文了。周围的人都视杨亿为"神童"。家里有客人来访都指名要见见杨亿。杨亿与来客寒暄、攀谈，能言会说，对答如流，"神童"之外又被加上有"老成之风"的美誉。于时声名远扬，连身在两千里路之外、居九重宫殿的宋太宗赵光义也知道十一岁杨亿的大名了。

宋太宗将杨亿召进宫中，一见杨亿眉目清秀、文质彬彬的样子，就喜欢上他了。与杨亿交谈时，见他神情自若，大大方方，则更是高兴。太宗对杨亿说："你以前还没有离开过父母，现在，离开父母这么多天了，你想不想父母？"杨亿不假思索地对宋太宗说："臣见到陛下就如同见到父母一样。"

宋太宗听了，心花怒放，他对站在一旁的大臣们说："你们看，一个十一岁的小孩在宫中，对答如流，能说出这样的话，果然是奇才。"

宋太宗又命人拿来纸笔，让杨亿写诗作赋。杨亿下笔立成，一连写了五篇，篇篇词意隽美。宋太宗又命人将杨亿送至中书省，让宰相李至状再测试杨亿。李至状出了个"喜朝京阙"的题目，让杨亿作诗。杨亿挥笔就写，笔落诗成。诗中有"七闽波渺邈，双阙势岧峣。晓登云外岭，夜渡月中潮"等句子，最后一句为"愿秉清忠节，终身立圣朝"。气魄宏大，令李至状十分惊异。李至状连忙去向皇上上奏，说了一通圣恩浩荡，天下百姓受惠，因而出现神童之类的话。

宋太宗十分赏识杨亿的才华，于是，一个十一岁的少年，便被朝廷破格授予秘书省正字（职掌校勘图书的官员）。宋太宗还特地赐给杨亿袍笏，特别优待他。从此，扬亿正式领取俸禄，成了朝廷中最年轻的官员。

杨亿文采过人，写作时有一种与众不同的习惯。别人写作要独处一室，保持安静不受干扰，才能写出文章。而杨亿却恰恰相反，写文章前他招来朋友、宾客，饮酒游戏作乐，笑语喧哗，杨亿却借助这种气氛乘兴构思文章，腹中成稿。待客人一走，杨亿便摊开纸，文思若泉，走笔如飞，顷刻间就写满一纸，数千言之文不错一字。门人誊抄，还赶不上杨亿的写作速度。

杨亿一生主要是以优美的文章为帝王草拟诏诰，但他敏捷的才思，在许多方面都有上乘的表现。

北宋大臣寇准在中书省时，出了一个上联，让属官对下联。上联是：水底月为天上月。几个同事对来对去，很不理想，正好杨亿来了，杨亿不假思索，应声对曰：眼中人是面前人。对得十分贴切，博得一片喝彩之声。

杨亿敏捷的才思，曾使北宋朝廷避免了一次有伤国体的尴尬。在宋仁宗当政时，前任皇帝的遗孀去世。这时，与宋朝关系微妙的辽国也派使者送来祭文。不知是契丹人有意让宋人难堪，还是经手人有误，当杨亿捧读时，竟是一张空无一字的白纸。杨亿急中生智，手捧白纸，高声朗读随口杜撰的祭文："唯灵巫山一朵云，阆苑一团雪，桃源一枝花，秋空一轮月。岂期云散雪消，花残月缺。伏为尚飨。"这段祭文完全符合契丹人的用语习惯和祭文体例，参加祭奠的人当时竟然一无所知。

杨亿草拟诏诰之余，常与一些翰林学士应酬唱和，诗词交往，后来将唱酬往来的诗编成名为《西昆酬唱集》的诗集，由此还形成了北宋时期风行一时的"西昆体"。

杨亿后来参与了《太宗实录》的编纂，一个人竟完成了四分之三的篇章。又与王钦若一起撰修辑集历代君臣事迹，总共一千卷的大型类书——《册府元龟》，保存了许多很珍贵的史料。

杨亿充满智慧的一生，为后世留下了一段幼小聪明大成材的美谈。

第 32 则

司马光砸缸救人

北宋真宗天禧三年(1019 年)十月十八日晚上,光州光山(今河南光山)县令的官邸里,烛光通明。县令司马池在书房里踱来踱去,焦急地等待着夫人分娩的消息。

突然,“哇”的一声,新生儿的啼哭声打破了夜晚的宁静。五十一岁的司马池喜得幼子,十分高兴,于是以出生地为名,为儿子起名司马光。

司马光五岁时,以诗书传家的司马池便教他读书识字,并经常讲历史上甘罗十二拜丞相,匡衡凿壁偷光、苦读成才的故事给他听,勉励他以这些少年有为的人为榜样,干出一番事业来。司马光将这些故事,深深地印在脑海中。

在司马池的启发、教育下,司马光白天读书,晚上上床后,还对白天所学的知识加以思考。幼年的司马光渐渐养成了遇事冷静思考的习惯，因此，显得早熟早慧，有老成之风。

司马光七岁时，父亲司马池任职寿州安丰（今安徽寿县西南）县令，司马光随父在安丰生活。

当时，县衙门有个很大的后院，院子中间有个垒起的大土堆，土堆上栽满了桃、梨等果树。土堆旁有一口特大的水缸，六七岁的小孩举手才能摸到缸沿。这口特大的水缸，是防备火灾用的，平时里面总是满满地装着水。

这个大院子，是司马光与小伙伴放学后，最喜欢去的地方。这一天放学后，七八个差不多大的小伙伴又来到院中，玩起捉迷藏的游戏。一个小孩东看看，西看看，觉得无处藏身。看到土堆上的树，他心生一计，爬上土堆，意在攀枝上树藏身。由于怕被别人发现而急着往树上爬，忽然，手一下抓滑了，身子便从树上坠下来，恰巧不偏不倚地掉进了水缸里。落水的孩子，在水中拼命地挣扎着。缸大水深，眼看那个小孩子要没命了。

其他小孩子一见出了事，吓得喊叫着跑开了。司马光却一边喊着赶快去找大人来，一边跑向大水缸。他急中生智，从土堆旁拣起一块碗大的石块，用力向水缸砸去，"咣"的一声，石块从缸壁上弹了回来。司马光弯腰又迅速重新拣起石块，双手举过头顶，使出全身力气，再次奋力向水缸砸去。"咚"的一声，水缸破了，缸里的水从窟窿里流了出来。落水的小伙伴得救了。

等大人们闻讯赶来时，只见司马光正奋力把惊魂未定的小伙伴从缸里往外拉。大人们围上来，拉起了落水的小孩。

大家都夸奖司马光，说他小小年纪，这样聪明，机智地应付突发事件，长大一定有出息。

这件事也很快流传开来，汴京（今河南开封）一带敏感的商人，请人根据这件事，画成《小儿击瓮图》出售，很快便销售一空。

司马光后来考中了进士，官至宰相，但他最为人称道的贡献，是花了十九年的时间，完成了《资治通鉴》这部历史巨著。这部三百多万字的《资治通鉴》，文字精练生动，材料丰富，选材恰当，成为中国历史上最有价值的史学典籍之一。

第

33

则

赵葵借箭

历史上诸葛亮“草船借箭”的故事流传很广，唐朝中期的名将张巡守雍丘（今河南杞县）时，也曾扎草人向叛军“借”得十万支箭，被传为佳话。南宋时赵葵让父亲故伎重演，尽管演法各有不同，却有异曲同工之妙。

南宋庆元四年（1198 年），金将完颜清率十万金兵大举南下，兵锋直指南宋的前线重镇颍州（今安徽阜阳）。十万金兵先声夺人，将颍州里三层外三层围得严严实实，水泄不通，企图一举攻下颍州，搬掉南下的绊脚石。

颍州守将是南宋著名的主战派将领赵方。赵方深知地处抗金前线的颍州，将是金兵南下的第一道屏障。为防备金兵来犯，赵方已预先做了防范布置，令士兵加高加厚了颍州的城墙,囤积了大量的兵器、粮食,做了充分的准备。

面对金兵凶猛的攻势,赵方采用了固守的战术。赵方指挥宋军顽强作战,一次又一次地打退了金兵的进攻。双方僵持了三个多月,金兵损失很大。与此同时,宋军的困难也越来越大,城内的粮草不多了,尤其是守城最有效的武器——箭矢,更是所剩无几。缺少箭矢,颍州城恐难守住。为此,赵方伤透了脑筋,回到家时也闷闷不乐,忍不住长吁短叹。

赵方的儿子赵葵,这时只有十三岁,他从小就跟着父亲,为人机警,遇事爱动脑筋,文韬武略,行军布阵的军事常识很懂得一些。

赵葵走上前对沉思着的父亲说:“历史上诸葛亮以草船借箭,唐朝的张巡用草人借箭,都解决了箭矢不足的困难。我们何不仿效他们,也向金兵借点箭用用。”

赵方苦笑了一下,对儿子说:“前几天夜间,我们将扎好的草人吊下城墙,金兵只上一回当,第二次就不灵了。”

赵葵对父亲说:“戏法人人会变,只是变法不同。我们何不变换一下手法,比如,给草人好好地装扮一下;草人要扎得与真人一般大小,全副武装;为首的一人穿上父亲的衣服,再打起一面帅字旗,这样才能收到以假乱真的效果。这些草人由隐蔽的士兵扶着,不停地在城墙上走动,仿佛在巡视城防一样,金兵必定射箭。”赵葵的语气显得十分自信。

赵方仍满腹狐疑地说:“金兵狡猾得很,他们会中圈套吗?”

赵葵向父亲争辩说:“兵法上不是说,兵不厌诈吗?真真假假,虚虚实实,历来是用兵之道。夜间不行,我们可以改在早晨或傍晚。再说,颍州孤城危在旦夕,除此之外,难道还有更好的方法不成?”

赵方见儿子赵葵说得很有道理,马上吩咐依计行事,草人的形状、所穿的衣服，全由赵葵做主安排。

第二天一早，全副戎装的“士兵”十几个人，排成一行，在“赵方”的率领下，出现在城墙上，像是在巡查城防。

金营的哨兵，透过蒙蒙薄雾，发现“赵方”在巡查城防，马上向完颜清报告。攻城心切的完颜清马上下令，让各营的弓箭手张弓搭箭，射击目标，并悬赏射中“赵方”的金兵，赏白银二百两。重赏之下，金兵争先恐后地向城上射箭，于是，一枝枝箭飞上城墙，射向草人。

宋军士兵移动着草人，草人沿着城墙兜了一圈，金兵始终没有停止射箭。

晨雾散去，天已大亮，等金兵大呼上当时，城墙上的宋兵却高兴得跳了起来。

赵方用了赵葵的计策，得到了金兵白白送给的很多箭矢，宋军足以用这些箭对付金兵的进攻了。

完颜清三个多月没有攻下颍州城，天气渐渐地热起来，金兵很不习惯。于是完颜清下令回师。完颜清这次南侵，无功而退，宋边境的威胁暂时解除了。这里面自然少不了赵葵的功劳。

第

34

则

小儿纥石烈良弼见丞相

金世宗是金朝一个最著名的皇帝，在位二十九年，奉行“南北和好，与民休息”的政策。他励精图治，任贤使能，注重农桑，奖励生产，被史家誉为“小尧舜”。

当时，金世宗任用的一个丞相叫纥石烈良弼，他辅助金世宗，因而也被称为贤相，誉满金朝。

这个纥石烈良弼，其实在少年时代就处处显露出了过人的机敏与颖悟。

发祥于白山黑水之间的女真人，本来没有文字。为适应女真人建立国家的需要，希尹等人参照汉字创制了女真文字，金太祖天辅三年（1119 年）颁行全国。为鼓励更多的人使用女真文字，朝廷规定：各地每年都要推举一些学习女真文字、成绩优异的少年,送至京城,以便进一步培养。

纥石烈良弼自幼聪明好学,天资过人,很快学会了女真文字,而且学得非常出色,于是被宣宁(今内蒙古自治区丰镇)地方官推荐至京师。在被推荐的十几个人中,他不足十岁,年纪最小,成绩却是最好的。

金太宗天会年间(1123—1137)的一天,纥石烈良弼一行在通往京师上京(今黑龙江阿城南)的大道上行走。途中正巧遇到丞相希尹到外郡巡视。

这个丞相十分威风:卫士环列,前呼后拥,戒备森严,派头十足。纥石烈良弼与同学们恭恭敬敬地侍立于道旁,羡慕地看着丞相一行人威风凛凛地从身边经过,进入前面的郡中。

扎着两根牛角小辫,眉宇间透出一股聪颖、文雅之气的纥石烈良弼对大伙说:"坐在车上的当朝丞相希尹,就是女真文字的创制人。我们就是因为学了他创制的文字,学得好而被推荐至京师的。今天他从我们身边走过,我们都无缘见到他,进城后,何不去见见他呢?"

同学们都附和着说:"对,这样的好机会不可错过。"

进城安顿下来后,纥石烈良弼催着大家快走,去见丞相。但同学中有人动摇了。"希尹是大名鼎鼎的丞相,我们还只是初出茅庐的小学生,他肯见我们吗?"这样一说,大家觉得有道理。于是,你看看我,我看看你,面面相觑,没有人愿意动身。

纥石烈良弼小嘴一撅说:"路上不是说好了吗?怎么进城反而变卦了?"

一个同学回答说:"别人不去,你去嘛。"

纥石烈良弼眼睛一亮,说:"好,你们不去,我去。"

来到丞相下榻的官邸,纥石烈良弼大大方方地向丞相的随员提出见丞相的请求。随员见这个小孩神态自若,出言不俗,于是马上进去通报。

听到报告的希尹，对一个小孩要求他接见感到很有兴趣，同意接见。纥石烈良弼喜出望外，用手掸掸身上的灰尘，昂首走进官邸。

希尹问道："你是做什么的？为什么要见我啊？"

纥石烈良弼稚声稚气而又从从容容地说："女真文是您创制的，而我是因为学习女真文成绩优异，才被推荐去京师深造的。今天正巧，碰到先生来此巡视，因此想见见您这位创制女真文的丞相。"

一番话说得希尹高兴极了。创制女真文被希尹视为平生最得意之事，连这个小孩也知道他是女真文的创制者，慕名前来拜访，他内心的高兴就不用说了。

希尹问了纥石烈良弼学习女真文的一些情况，问了家世，纥石烈良弼都应答如流。

希尹摸摸他的头，亲切地说："你这个小孩子，好聪明呀，胆识过人，只要认真学习，将来一定会成为国家的栋梁之材。"

于是，希尹高兴地留他在官邸，一连住了好几天。

纥石烈良弼到京城后，便埋首书本。他过目不忘，读书能抓住要领。在京城学了四五年后，进步飞速，连写大块文章，也是下笔成文，一挥而就。纥石烈良弼少年时代便成了知名的女真文学者，以至在当时没有人能与他相比，被时人誉为"前有谷神（指希尹），后有娄室（他的本名，后来皇帝赐名良弼）"，以褒奖他知识的渊博。

由于成就突出，学业专精，刚满十四岁的纥石烈良弼便成了政府教授女真文的老师。他当老师，口齿伶俐，吐音清亮，循循善诱，因材施教，很受学生们欢迎。

随着金朝的势力范围不断扩大，女真文又是官方文字，因此，随他学女真文的人很多，一批又一批，始终保持在二百人以上，他也成为京城里有名的少年先生。

为褒奖他学习、传播女真文的成绩，十七岁时，他便被委任为尚书省令史（低级事务官员）。纥石烈良弼敏于理事，善于决断，对金王朝忠心耿耿，因此不断被提升，一直升到丞相之职，当朝二十余年。

第

35

则

安童一语活千人

元世祖至元二年(1265 年),元世祖忽必烈做出了一个惊人之举:任命十八岁的安童为中书右丞相。在满朝文武中,许多人已宦海浮沉几十年,年富力强者也大有人在,忽必烈为什么要任命安童这个年轻人为丞相呢?人们好生纳闷。但忽必烈心中很清楚:安童是识见过人、睿智的一个聪明人,惟有他担任这个职务最合适。

忽必烈于 1260 年被追随者拥立继承蒙古大汗王位。为了争取功臣世家对他的支持,他专门挑选了一批功臣的后代,加以任用。赫赫有名,为创建蒙古汗国立下盖世之功的木华黎四世孙,十三岁的安童被挑选进宫。

聪明伶俐的安童,为人机警,沉着冷静,见识不凡,忽必烈任命他为长宿卫，即为内廷的卫队长，从此，与忽必烈出入相随，朝夕为伴。

安童虽出身官宦之家，却没有纨绔子弟、刁邪恶少那种好逸恶劳、华而不实的习气。安童喜欢读书，善于思考。每天回到家中手不释卷，专心埋头读书，常以历史上的豪杰智者来激励自己。这个来自大草原的武将后代，对读书、治国的兴趣，远在骑马挺枪、开弓射箭之上。

忽必烈每天处理完公务后，喜欢与安童聊聊。安童岁数不大，由于勤奋好学，留心时务，对忽必烈提出的问题，总能有问必答，表现出渊博的知识，且有出人意料的独立见解，因此，深得忽必烈的赏识。

中统四年（1263 年）春，经过三年多苦战，忽必烈最终战胜阿里不哥这个蒙古汗位的有力挑战者。阿里不哥及其追随者一千多人，被当做反叛集团而受到拘捕、关押。对于如何处置这么多的人，忽必烈心中很矛盾，便想听听安童的见解。

安童反问一句："大汗，依您之见将如何处置他们？"

忽必烈不假思索，很干脆地说："把这些人统统处死，方解我心头之恨。你想想，他们跟随我，我还会亏待他们？而他们偏偏要跟着阿里不哥，与我激战三年多，使我的不少爱将丧生沙场。我不杀他们，如何告慰这些将士的在天之灵？不过，牵连进去的人太多了，我也有点担心。"

安童对这事是有过考虑的，他不慌不忙地对忽必烈说："现在杀他们，只是举手之劳的事情了。不过，人总是各为其主。他们在和林（即喀拉和林，在今蒙古国境内，元最初建都于此）时，阿里不哥是大汗，作为部下，哪有不为大汗效命的？再说，如果阿里不哥打败您，他们不也成了功臣？"安童说到这里，停了下来，忽必烈全神贯注地听着。

安童又接着说："您得了天下，坐稳了汗位，阿里不哥的追随者，也成了您的子民了。您现在给他们一个机会，如果他们能认识到过去的错误，何不宽大处理他们，也好显示您的德政与宽广的襟怀。如果您刚刚得了天下就大开杀戒，这就是以私怨杀人了。失去这些人的心，那您用什么去怀柔征服其他尚未归附的人呢？眼下正是需要用人之际，这些人都是我们同胞中的精英，在他们认错后赦免他们，浩荡皇恩自然能使他们感激涕零，再让他们效命疆场，不也增加我们自己的力量吗？”

一席话说得忽必烈豁然开朗，惊喜异常。忽必烈感慨地说：“你这么小的年纪，就能考虑得如此深远，道理说得这么透彻，实在令人高兴。这样看来，满朝的文臣武将，论才干，是没有人能超过你了。”

忽必烈按照安童所说的去做了，只杀了几个首恶者，其他人一律免罪释放。这使得分裂的蒙古又重新团聚在一起，强悍的蒙古人，依然是令人胆寒的一支力量。

很快，蒙古人南下中原，取代了南宋朝廷，建立了新元朝。

第

36

则

朱元璋智吃牛肉

濠州（今安徽凤阳）太平乡的乱石山脚下，有一片长满青草的空地，一个春日的下午，几十条牛在草地上低头吃着嫩草。

十多个放牛娃都在十岁上下，在一旁玩着，互相追逐打闹，玩得很开心。孤庄村的朱元璋，当时小名叫重八，在这群放牛娃中，年龄不算最大，但他遇事有主见，办法也多，在放牛娃中是公认最有能耐的一个人。他与同村的汤和，邻村的徐达、周德兴玩得最好。

放牛娃玩累了，一个个往草地上一躺，横伸胳膊竖伸腿地休息起来。岁数稍大一点的周德兴说了一句："肚子快饿通了，现在要有点东西吃吃，才快活哩。"这些放牛娃都是为东家放牛的，平时也吃不饱肚子。经周德兴一提醒，其他人也都表示，肚子早已饿得咕咕叫了。

徐达眨眨眼睛对周德兴说："假如让你挑，你现在会挑什么东西来吃哩？"周德兴不假思索地说："要有一碗肉吃吃才带劲哩！"

平时不大多说话的汤和说："那你要吃红烧肉还是要吃白切肉？"放牛娃七嘴八舌，嚷成一片，有的说红烧肉好吃，有的说白切肉好吃。一群饥肠辘辘的小孩，谈到吃肉的事，馋得口中涎水都流下来了。

朱元璋的黑眼珠转了转，对大家说："画饼充不得饥呀！现成的肉摆在这里，你们都想不到去吃，岂不傻了吗？"

一听说有肉吃，躺着的人一下子坐了起来。一个小孩看了看朱元璋说："你不是叫我们望梅止渴吧？"

朱元璋抬手指指摇着尾巴吃草的牛群说："看，那不是现成的肉吗？"

一个小孩明白了他的意思，接口说："你胆子倒不小，这些都是东家的牛，你吃东家的牛，东家还要吃你的肉哩。不是找死吗？"

朱元璋涨红了脸，说："今天要是能吃到牛肉怎么办？"

周德兴接口说："你朱元璋今天要是能弄到牛肉来吃，我周德兴就打心眼里服了你，从今往后，你要我干什么，我就干什么，绝对不说二话。"

其他人也附和着周德兴的话。

"好！"朱元璋一跃而起，跑进牛群中，把自己放的一条花白小牛，牵了过来，干脆地说："我们今天就吃它的肉！"

大家一见朱元璋真的把牛牵过来了，一下子都来了劲。七手八脚地帮着朱元璋，用放牛的绳索捆住了小牛的前后腿。周德兴抄起随身带的砍柴斧头，对准小牛的前额连连砸去，小牛摇晃了几下，倒地而死。汤和、徐达帮助剥皮割肉，朱元璋指派另外几个小孩去拣些干柴树枝来，就地生火。一股炊烟袅袅升起，很快便闻到了烤牛肉的香味。

放牛娃们一面烤，一面吃，个个放开肚皮吃得津津有味。一条小牛的肉，很快便被十几个放牛娃狼吞虎咽地吃完了。一个小孩顺手拿起牛尾巴还要烤，朱元璋劈手一把夺过来，大声说："尾巴也吃了，我们拿什么去赔东家啊！"

朱元璋这一说，大家才猛然意识到：闯大祸了！老财主刘德是不会饶人的。转眼之间，放牛娃们的情绪顿时紧张起来。他们把期待的目光投向朱元璋，等着他能想出一个好主意来。

"你们不要怕，主意是我出的，吃掉的又是我东家的牛。不过，我要与你们约法三章。"朱元璋平静地望着大家说，"今天吃牛肉的事，不准告诉任何人，这是一。回到家后，你们都要对东家说：'刘德家的牛钻进乱石山的石头缝里了，'让大家都知道这件事，这是二。第三，就是明天早上你们早一点把牛还赶到这里来，看到我和东家上山后，你们几个散开跟在我们后面，我向你们打手势，你们一个跟着一个向下打手势。你们几个站在牛身边，见到手势后，一定要引逗牛，让牛'哞哞'地叫起来。只要按我说的这三条去做，这件事就能遮掩过去了。"朱元璋边说边为放牛娃分好工。

然后，朱元璋让几个小孩迅速清理了现场，自己带着几个人上了乱石山，在一个事先看好的石头缝边停下来。朱元璋把牛尾巴插进石头缝里，一切布置好后才回家。

朱元璋的脚还没有迈进刘德家的大门，便急促地高声喊起来："东家、东家！"刘德从屋里走出来，朱元璋说："不好了，不好了，小牛钻进乱石山上石头缝里，拉不出来了。"

刘德一听，变了色的脸一拉，说："你瞎扯些什么，牛怎么会钻进石头缝里去呢！"

朱元璋指天发誓,说:“千真万确!我还敢骗东家您不成。不信,我现在就带您去看。”

刘德看天色已经黑下来了,这一带的人都说,乱石山有山神,说得怪吓人的,他哪敢晚上去看。于是对朱元璋说:“明天早上你带我去看吧。要是骗我,当心你的小狗命!”

第二天一早,朱元璋领着刘德前往乱石山。一路上,好几个人都以神秘的口气对刘德说:“破财消灾,就算是你送给山神的礼品吧!”

刘德“啊啊”地应付着。朱元璋领着刘德上了山,用手一指说:“就从这儿钻进去了。”刘德用手去拉牛尾巴,怎么用劲也拉不动,却听到了“哞哞”的牛叫声。朱元璋在一旁说:“您听,牛犊还在山里叫哩!”

刘德赶紧松开手,急忙走下山,一边走一边说:“真有山神啊!就算我刘某人送给山神一件礼物吧!”朱元璋在后面,差点笑出声来。

刘德还是解雇了朱元璋,丢了饭碗的朱元璋却深得小伙伴们的拥戴。

明朝创建者朱元璋幼年所做的这件事,显然带有传说色彩,却显示了他智慧机警、勇于任事的个性。

第

37

则

解缙聪颖善对

明代的解缙是著名的才子，他不仅以主编《永乐大典》传名于世，更以文思敏捷、敢于讽刺权贵闻名遐迩。

解缙出身于一个破落的书香世家，自小家境贫寒，但他聪颖过人。靠卖豆腐为业的父亲解开，在解缙身上寄托了重振祖风的厚望。因此，当解缙五岁时，解开便教他读书。解缙到七岁时便能赋诗作文了。

解缙颖悟异常，出口成章，历史上流传着很多解缙善于巧妙联对的故事。对子，也称对联，是中国特有的一种文学艺术形式，短小精悍，概括力强，寥寥数语却意境深远。这种艺术形式要求句法结构相应，对仗工整，即“实对实，虚对虚”。对对子，也能充分显示出一个人的才思、智慧与人品。

解缙八九岁时，在外面玩，碰到有一个王员外送客上路。王员外转身回头时，看到一个身穿绿衣的小孩，在池塘边玩耍，于是王员外指着小孩笑着说了句："水中青蛙着绿袄。"解缙低头看了看自己的绿色衣衫，眨眨眼睛，马上应了一句："锅里龙虾穿红袍。"王员外身上穿的正是一件红袍，对得很巧妙。一个大人本想拿这个小孩开开心，结果，反落得自讨没趣，于是他有点恼火，随口又说："两猿断木深山里，小猴子也敢对锯(句)。"解缙一听，立刻回敬："一马陷入泥潭中，老畜生怎能出蹄(题)。"

"对锯"是"对句"的谐音，"出蹄"是"出题"的谐音。虽然对联用语刻薄，毫不客气，文字上还是很有技巧的，反映了解缙的个性。

炎炎夏日的一天，九岁的解缙随父亲从亲戚家返回，当他们走到赣江大堤时，父子俩已是汗流浃背。解开提出下水泡一泡，凉凉再走，解缙当然高兴了。解开将脱下的衣服随手挂在一棵老柳树的枝上，柳枝一颤一颤的，解开突然来了灵感，说了一句："千年老树当衣架。"然后问解缙："这个对子的上联有了，你能说出下联吗?"

解缙望了望烟波浩渺、浊浪涛涛的赣江，眼睛一转，望着父亲说："万里长江做浴盆。"

对得很妙，父子俩都很高兴。

解缙十多岁时，他家过年要写对联，贴在门上以求吉利。父亲把这个任务交给了解缙。这天上午，解缙一面磨墨，一面沉思，想写一副别具一格、不同流俗的对联。当他抬头看到对面赵员外家的庭院里，那一片郁郁葱葱随风摇动的竹林，忽然灵机一动，提笔写下了一副对联：

门对千根竹，家藏万卷书。

然后，兴冲冲地把它贴到了大门上。

解缙家对面的赵员外，是个非常古怪的老人。脾气很拗，别人说好的事，他总是挑三拣四说不好；而别人说不好的，他则会说好。因此，了解他的人，背地里称他为"赵牯牛"。

赵员外看到解缙写的门联，心想：这"门对千根竹"，不是指我院里的那片竹林吗？解缙这小孩子，写副对联也打起我竹林的主意来。想着想着，赵员外的"拗劲"上来了。他马上派长工把这片平时喜爱的竹林砍去。

解缙见赵员外派人砍去了竹子，感到十分好笑，于是拿出笔砚，就在原来的对联上加了两个字，于是成了这样的一副对联：

门对千根竹短，家藏万卷书长。

仍然是一副对仗工整的对联。

赵员外又看到了解缙修改过的门联，心想：这小家伙确实厉害。于是他又命长工将竹根也刨去。

谁知，解缙拿来笔墨又添了两个字：

门对千根竹短无，家藏万卷书长有。

仍然是一副对联。

赵员外看看解缙的对联，又看看已成一片空地的院子，心里实在不是滋味。斗智他哪是解缙的对手，解缙的才智要比他高出许多呢！

永乐初年（1403年）的一个冬天，解缙应邀出席一位朝官的寿宴。屋外寒气袭人，北风呼啸；室内炉火通红，温暖如春。解缙与一些文人学士借着酒兴，谈诗论文。另一张桌子上的锦衣卫帅（掌皇帝亲军，兼管巡查缉捕）纪纲走了过来。纪纲是皇帝心腹，从来不把别人放在眼里。他来到解缙所在的这张桌子上，乘着酒兴信口胡扯，拿座中的大臣学士开心取乐。大臣学士们心里不快，但还得笑脸相陪，无人敢与纪纲计较。

解缙想煞煞纪纲的威风，于是笑着对纪纲说："真是士别三日当刮目相看了。纪大人现在出口成章，才思敏捷，进步神速，可喜可贺啊！"

纪纲听了解缙的恭维话，乐得合不拢嘴，一边摆手一边说："过奖了，过奖了，你解才子才是个文思敏捷的人哩。"

解缙对纪纲说："我来出一个上联，请纪大人对下联怎么样？"说着，要来纸笔，边念边写：

墙头芦苇，头重脚轻根底浅。

纪纲看着这句上联只是发懵，肚里还没有二两墨水，哪能对得上？解缙笑着说："这对子是不是俗了点？是不是纪大人懒得对呀？纪大人要是懒得对，我自己来对下联吧。"

纪纲一听，马上说："还是你对吧。"说完后，看了看解缙。

解缙没有加以理会，而是挥笔写下了一句下联：

山间竹笋，嘴尖皮厚腹中空。

这副对联语言尖锐泼辣，讽刺入木三分，音韵铿锵，发人深省。

纪纲的脸一下子红到耳根，他已从中悟到讽刺的意思，但又不好发作。从此，纪纲在心里种下了对解缙仇恨的种子。

解缙曾受到明成祖朱棣的知遇，并被提拔为首辅大臣。朱棣也曾对人说："天下不可一日无我，我则不可一日少解缙。"但伴君如伴虎，解缙后来还是被朱棣以"私觐太子，辱上谋叛"的罪名关进了大牢。而永乐十三年(1415 年)冬，纪纲设计把解缙灌醉后，命人将解缙从牢房里拖出，扒光衣服，丢在雪地中。就这样，性格耿直、敢于直谏的一代才子被活活冻死了。

第38则

王华识『鬼』

王华是明朝浙江余姚人。从小就聪明过人，遇事冷静，善于思考，有主见而不盲从。

王华十四岁时，和几个同学借宿龙泉山寺庙。多少年来，这个寺庙一直是附近读书人的借宿之处。前不久，庙里死了个小和尚，几个学生害怕，就搬回家去住了。还有几个人，自称是天不怕、地不怕，王华也是其中的一个，仍住在寺庙后面，靠院子的一间房子里。

庙里有几个小和尚，爱耍弄些小聪明，有时也以捉弄这些借宿学生来取乐。于是，他们编出一些死去的师兄变鬼、变怪的话来吓唬学生，但这几个读书人说他们不怕“鬼”。

但不久，庙里晚上就不太平了，半夜三更便能听到“鬼”嚎叫不已。这阴森可怖的声音回荡在空旷的寺庙里，令人毛骨悚然。第二天晚上，“鬼”的嚎叫声中，又夹杂着向学生的窗子上投掷石块瓦片声。几个胆子大的学生开门出去察看时，身上挨了几块瓦片后，却查不到什么，只听到风吹山林传出来的飒飒声。但回屋后不久，石块瓦片又飞了过来。第二天，天一亮，几个人便垂头丧气地卷起铺盖下山了。

惟独王华不愿搬走，并且说：“邪总压不了正。我已想好对付‘鬼’的办法了。”于是，便一个人留在了寺庙里。

晚上，房间里只剩下王华一个人，显得空荡荡的。小和尚们把其他人吓跑了，感到很得意，还想把王华给吓走。他们半夜里装鬼嚎叫，向窗上投石块。而房间里灯火亮着，王华毫无反应。一个小和尚蹑手蹑脚地走过去，扒在门缝上朝里望，只见王华十分镇静地坐在灯光之下看书，一点惧怕的神色都没有。

小和尚们见老一套吓不倒王华，便搜肠刮肚想办法。这天晚上，雷电交加，大雨倾盆，两个小和尚便去用力摇晃王华的门窗。王华在房间里说了声：“范大夫，你去开门。”自己仍坐在凳子上，没有动。小和尚一听说要开门，怕露了馅，便深一脚浅一脚地跑开了。

王华仍然若无其事地照常看书，鸡叫三更，上床睡觉，外面的闹腾仿佛与他无关似的。

小和尚们能想到办法都用上了，王华还是处之泰然，没有一点要搬走的意思。

一天，几个小和尚来到王华的房间，对王华说：“我们庙里最近常闹鬼，一到晚上，我们都吓得要死，躲在房里不敢出来，你一个人住这儿，就不害怕？”

王华漫不经心地说：“怕什么？我不知道呀。”

小和尚说：“这几天晚上，你听到过什么？见到过什么吗？”

王华看着小和尚说："先贤教导我们读书人，非礼勿听，非礼勿视。我每天读书写字的时间都不够用，哪有闲功夫去管其他的事。"

小和尚又说："我们师兄刚死不久，他肯定会经常光顾这里的，他对我们寺的感情可深着呢！"

王华笑笑说："南朝的范缜早说过了，人死如灯灭，灯灭了，自然看不见火光。人死了埋入土中，哪里会再爬得起来呢？"

一个小和尚马上抢着说："这个范缜，是不是就是那个范大夫啊？"

"不错，不错。"王华说，"我就知道嘛，'鬼'不吓人，人吓人。这哪里是什么师兄在作怪，分明是师弟在闹'鬼'呀！"

小和尚知道说漏了嘴，马上说："你在房间里动也没动，你看到我们在干什么吗？你是在瞎猜。"小和尚本想加以掩饰，谁知越掩饰，露出来的马脚越多。

王华用手指着小和尚们说："晚上来摇晃我房门的就是你们，装'鬼'嚎叫的也是你们，丢石块瓦片的，也是你们！"

小和尚们见诡计被王华揭穿了，只好如实地承认了他们的所作所为，并一再强调，只是开开玩笑而已。

王华镇静自若的态度，充满智慧的见解，使小和尚们大开了眼界，他们一个个都很惊异。他们认为，王华胆识过人，聪明过人，一定前途无量。

果然，王华以后中了进士。他的儿子王阳明，更是一位聪明睿智的大哲学家。

第
39
则

王阳明巧惩继母

明朝大哲学家王阳明，本名王守仁，浙江余姚人，由于在绍兴的阳明洞隐居读书，世人称他“阳明先生”。

生于官僚家庭的王阳明，少年时代既不缺衣也不少吃，唯独缺少母爱。生母早逝，父亲做着京官，继母带着王阳明兄弟在故乡生活。

王阳明的继母是出了名的小心眼，心胸狭隘，性情暴戾，对养子毫无感情可言，怎么看都不顺眼，总爱鸡蛋里挑骨头，变着法子来虐待他们。童年时代的王阳明好沉思，有时能盯着一样东西怔怔地看着出神；有时人坐在那里，思绪却飞了出去遨游苍穹。他还好追根究底，什么事情都要问个为什么，以致于别人看他不同于一般的小孩子，是个另类。继母更是视他为眼中钉。

幼年的王阳明饱受继母精神上的折磨，感到十分委屈、苦闷，但这种情绪又不能在继母面前流露出来，只好常常避着人，躲在一边抹眼泪。

王阳明竭力想摆脱受虐待的境地，经过周密思考，他终于想出了一个办法：这天，王阳明睡到半夜，偷偷地起了床，把五只托盘放置在继母卧室的门口。第二天，继母一早起床后，看到门口放有五只托盘，十分惊疑，问遍了家里人，都说不知道。继母沉不住气了，连忙派人去找村里的巫婆。王阳明的继母信佛信巫，不论遇到什么大事小事，总是恭恭敬敬地在佛龛前添上一炷香，站在菩萨面前，口中念念有词，希望菩萨加以保佑；有时，也请来巫婆作法，以趋吉避凶。

一会，巫婆来了，装模作样地闹了一通，对王阳明的继母说："你是得罪菩萨了，因而降灾于你。"

继母认为，她对菩萨一向虔诚，毕恭毕敬的，怎么会有这种不明不白的报应？她想不出来在哪些方面得罪了菩萨。

第二天，第三天，她的房门口仍然放着托盘，不多不少，每次都是五只。祈求菩萨保佑又没有效，于是继母更加害怕了。随着恐惧的增长，她的脾气也更大了，王阳明也就成了继母的出气包。有时，继母会冲着王阳明莫名其妙地发一通火。王阳明默默地忍受着，内心却盘算着第二步妙计。

王阳明找到邻村一位以捕鸟为生的人，花钱从他那里买到一只刚捕捉到的活鸟。傍晚时分，王阳明乘人不备，溜进继母卧室中，将活鸟悄悄地藏入继母的被子中。当继母晚上整理被子准备睡觉时，只听"扑棱"一声，一只鸟从被子里突然飞了出来。毫无心理准备的继母被吓懵了，呆呆地站着，动也不动。一阵子后，惊魂未定的继母才冲出房门，让人快去把巫婆找来。

王阳明早在白天便用钱买通了巫婆。得到王阳明好处的巫婆来了后，装模作样，手舞足蹈一番后，便按王阳明教给她的话说了：王华（王阳明之父）前妻的在天之灵，看到你虐待她的儿子，十分难受。她曾警告过你，而你执迷不悟。如今，她已把这事上告到天帝那里去了。至公至明、法力无边的天帝派人调查清楚后，判定你有虐待继子之罪，于是便下令给阎王爷，由他派出阴曹地府的差役，前来收你的魂。刚才被子中飞出的那只鸟，样子奇丑吧？这就是被派来勾你魂魄的差役。说不准他现在还藏在屋里呢。

王阳明的继母听了巫婆的一番话，深信不疑。联想到近日来，接二连三出现的事情，越想越害怕，吓得浑身发抖，泪如雨下，连忙朝着东方跪下磕头，口口声声表示忏悔，向王阳明生母乞求宽容，向天帝表示服罪，请天帝给她一个改过的机会，再也不敢虐待继子了。

在一旁的王阳明，也觉得该是见好就收的时候了，于是假装哭泣着拜求巫婆：请看在继母诚心悔过的分上，请求阴曹地府来此勾魂的差役，回去好了。继母也忙不迭声地表示：感谢王阳明对她的宽容，一再向天帝发誓保证，不再虐待王阳明了。

于是，巫婆便口中念念有词，叽里咕噜地说着谁也听不懂的话；又指手画脚，似乎是与勾魂的差役在交涉。半个时辰后，巫婆对王阳明继母说："差役暂时回去了，临走时丢下话，如再发现你虐待继子，天帝绝不宽容了。"王阳明继母又忙不迭地磕了一阵子头。

拿到数倍于平常的佣金，巫婆高高兴兴地走了。十岁的王阳明，自编自导的这出戏也收场了。从此，继母真的不再虐待他了，对他问寒问暖，视若己出。

王阳明巧妙地利用了继母敬畏鬼神的心理，迫使继母改掉了虐待继子的恶行，充分显示了少年王阳明过人的睿智。

第

40

则

徐文长过竹桥

山阴(今浙江绍兴)人徐文长,是明朝杰出的文学家和艺术家。徐文长一生蔑视权贵,扶弱济贫,幽默乐观,足智多谋。关于徐文长智慧过人的故事传说,数不胜数,在民间广为流传,老幼皆知。徐文长还在幼年时,过人的聪敏与智慧便在言行中显示出来了。

徐文长有一位性情开朗、粗通文墨的伯父,在村里算得上是一个半耕半读的小康之家。他非常喜欢孩子,经常提一些问题,出一些题目来考考村里的孩子。孩子们也喜欢围在他的身边,听他说故事,或思考一些启迪心智的问题。

这年春末的一天,徐文长的伯父又别出心裁地想出了一个办法,来试试孩子们解决问题的能力。

他把徐文长和村里十多个小孩喊到面前来，这些小孩个子差不多，年龄都在八九岁左右。孩子们一听说有奖，兴致可高了。徐文长的伯父指着一个用布包着、鼓鼓囊囊的包，笑着对孩子们说："我这包礼物是准备送给你们的，但只能送给你们当中的一个人。这个人要得到这包礼物，要靠智慧，要动脑筋。你们当中，谁有智慧，谁善于动脑筋，就肯定能得到这包礼物。"

孩子们都想成为最聪明的人，都想得到这包令人羡慕的礼物，他们围着徐文长的伯父，嚷着让他快把问题提出来。

徐文长的伯父乐呵呵地说："你们跟我来。"说着他让一个小孩挑着两只空木桶，把孩子们领到了村外的小河边。

这条小河在村子的南面，河面不宽，河面上有一座连接两岸、窄窄的小竹桥。平时一个人走在上面，颤颤悠悠，发出吱吱的响声。这年春雨较多，河水上涨了许多，桥身离水面很近，一个小孩走在上面，晃晃悠悠的，桥身下沉，差不多就贴近水面了。

徐文长的伯父将两只木桶灌满了水，放在岸上，对孩子们说："你们听好了：你们当中有谁能把这两桶水从这座竹桥上拿过去，谁就是这包礼物的得主，他也是你们当中最聪明的人了。"

话刚落音，一个性急的小孩说了声"我来"，将袖子捋了捋，提着水桶，大着胆子踏上竹桥。桥身很软，提着水桶走在桥上，桥身便要沉入水中。这个小孩才站上去，还没有迈步，桥身已贴着水面了。这个小孩连忙退回岸上，说："不行，不行。"说着，泄气地把水桶放在一边。

一个矮瘦一点的小孩说："我身体轻，我能过。"说着，提着桶走上桥，没有走几步，鞋底也沾水了，只好退了回来。别的小孩见到这种情况，都不敢再试了，也想不出别的方法。于是，大家不约而同地把眼光投向徐文长。

徐文长一直没有吭声，在一边看着、琢磨着。只见他拧着的眉渐渐松开了，他平静地对伯父说：“就让我来试试吧。”

徐文长用挑水桶的两根绳子拴住水桶的扶手，然后把水桶分别放在桥身两边的水中。水桶在水中半沉半浮着，徐文长用手牵着绳子，在桥上缓缓行走，水桶也随着徐文长向对岸“走”去。一会儿工夫，徐文长走到了桥那头，弯腰将两桶水分别提了上来。接着，他仍然用这种方法，折返回来。徐文长没湿鞋，没费劲，就解决了伯父出的难题。

“礼物归徐文长了！”孩子们拍着手嚷叫起来。

徐文长伯父一边点头赞许，一边问徐文长：“文长，你是怎么想起来用这种方法的。”

徐文长笑笑说：“我是看大人来河里挑水得到的启发。他们挑水，水桶装满水后，总喜欢将水桶向下按一按，松手后，水桶又浮了上来，这时，水桶里的水位与桶外的水位大致持平。于是，我就想到能借用水的浮力，不要用劲，就可以把装满水的木桶牵过河去。”

伯父笑着说：“礼物就归文长了。孩子们，跟我回去拿礼物吧。”

徐文长伯父在前头走，孩子们簇拥着徐文长，跟在他的后面。进了院子，伯父摆了摆手，示意孩子们等一下，自己独自走进里屋。

不一会，礼物拿了出来，可是奇怪，这包礼物不是拿在文长伯父的手上，而是吊在一根长竹竿的顶端。文长伯父乐呵呵地说：“你们看，礼物就挂在竹竿上。不过，我还有个小条件。”

孩子们七嘴八舌地说：“还有什么条件？那您快说吧！”

徐文长伯父说：“竹竿不能横放下来，也不能站在凳子上、梯子上去拿，也就是说，只能智取。当然，大家都可以动脑筋，谁能拿到，这包礼物就属于他了。”

有几个小孩,伸手试了试,差一大截哩!一个性急的小孩嚷着说:"这怎么能够得着,您老存心不想给礼物啊!"

一个小孩用手推推站在一旁的徐文长:"你想到好办法了吗?"

徐文长正全神贯注地想着如何拿到这包礼物,这个小孩推他时,他转过头来,转头时,看到了伯父院子里有口水井,眼睛一亮,计上心来。"有了。"徐文长说着,走到伯父面前,接过竹竿,快步走到水井边,然后把竹竿竖直,慢慢地从井口往下放。当竹竿上端放到井口时,那包礼物就在面前了,徐文长毫不费力地把礼物取了下来。

孩子们高兴地喊起来:"咦,徐文长的办法真多,什么难题也难不倒徐文长啊!"徐文长的伯父也情不自禁地赞叹道:"真是一个绝顶聪明的孩子!"

第

41

则

阿留心有灵犀成画家

周元素是明代江苏太仓(今江苏古仓)一个小有名气的画家。他有一个书童叫阿留,跟随他已经四五年了。十三四岁的阿留,大大的眼睛,厚厚的嘴唇,一副憨态,看起来傻乎乎的。

有一次,周元素早上外出,他对阿留说:“你在家里给我把门看好,有谁来了记下他的姓名,等我回来告诉我。”

晚上,周元素回来后问阿留:“今天有人来找过我吗?”

“有。”阿留回答说,“来了好几个呢。”

“来的是些什么人呀?”周元素追问道。

“有个矮矮胖胖的,有个瘦瘦长长的,有个漂漂亮亮的,还有个老先生行动不便,拄着根拐杖。”阿留一边用手比划着,一边向主人说着。

周元素听了后，明白是谁来过了，然后又问："还有没有其他人来过？"

阿留嘿嘿地笑着，回答："我怕来的人多了记不住，那位老先生走后，我就把大门拴上了，有人敲门，我就说主人不在家，我也没出去看，不知道是谁。"

周元素嗔怪地说了两句，也就算了。

周元素家的一张床断了一条腿，周元素便叫阿留去树林里找根合适的树杈砍下来当床腿，把床修理好。

阿留拿了把斧子就出去了。他在树林里转来转去，足足找了大半天，结果还是空着两手回来了。

周元素一家人都在厅堂中，见到刚回来的阿留，便问："怎么到现在才回来？"

阿留非常认真地说："我在树林里，转来转去，找不到合适的。"

周元素说："随便找一个树杈，回来修理一下就行了，怎么找不到？"

阿留伸开两个手指头，向上伸了伸说："树杈都是朝上长的，没有像床腿那样朝下长的，哪里有合适的呀？"

一家人听了，忍不住哄堂大笑。

但阿留也有长处，周元素写字、画画，阿留为他磨墨调颜料。墨磨得很浓，写出来的字在灯光、阳光下可以反射出光亮。画画用的颜料，只要周元素吩咐，要调什么样的颜色，阿留都可以调得恰到好处，令周元素满意。

周元素写字、画画时，阿留也站在一旁专注地看着。周元素善于画花鸟，有时阿留对他说，这朵花的颜色再重一些，那只鸟的尾部可增加点另一种颜料。周元素采纳阿留的建议后，果然效果好多了。

周元素见阿留看得很专心，对色彩的感受能力特别强，于是对阿留半开玩笑半认真地说："你是不是也看出点什么名堂来了？你会画几笔吗？"

阿留挺认真地回答说:“这有什么难的?”

“那好,你就画给我看看吧!”周元素说着就把画笔递给了阿留。

阿留卷了卷袖子,提起笔来,低下头,开始在纸上画起来。周元素一边看,一边不住地说:“好,好!”

不一会儿,一幅出水芙蓉就画好了:碧绿的几片荷叶,满塘春水荡漾。一片小小的荷叶,卷成尖尖的小角,在微风中摇动,一只蜻蜓舞动着翅膀准备落在荷尖上。

周元素拿起画来,仔细端详:立意清新,意境开阔,构图匀称,浓淡相宜。又转过头去看看阿留,要不是周元素亲眼看着他的作画全过程,他无论如何也不会相信,这样一幅画出自这个看起来有点傻乎乎的小书童之手。

接着,周元素又要阿留画别的,很快,阿留又画了一幅画:微风吹拂着一株才舒展开黄绿眉眼的柔柳,燕子带着它剪刀似的尾巴,斜着身子从天空掠过,向着柔柳飞来。虽然只是一株柔柳,一只燕子,但却使人感受到了春意,使人看到了充满情趣的盎然生机。阿留笔法老练,布局合理,倒像个绘画老手。

周元素把家里人都喊了来,看阿留画画。阿留又画了一幅青鸟翠竹图,使周元素家人大开眼界,大为吃惊。家里人说:“真想不到阿留有这样的才能,真是心有灵犀一点通啊!”

原来,这都是阿留平日里耳濡目染的结果,这也足以见出他的聪颖。从此,周元素与家人对昔日的小书童阿留也都刮目相看了。渐渐地,阿留在太仓也成了一个小有名气的画家。

第

42

则

四岁洪钟京城卖字

千里大运河的河面宽阔，河面上帆樯如林，船只往来如梭，一派繁忙景象。

在一条由南向北行驶的不起眼的小客船里，坐着两位前往北京述职的明代地方教育官员。他们为打发旅途生活的无聊，正在下棋解闷。一位洪姓官员的儿子洪钟，倚在父亲的腿上，神情专注地在一旁默默地观阵。

洪钟只有四岁，却聪明伶俐，圆圆的脸上长着两只仿佛会说话的大眼睛，十分惹人喜爱。父亲为让儿子开眼界、长见识，这次进京便将他带在身边。

聪明的洪钟看父亲下了几天的棋，便从一来一往的布局落子中学会了下棋，从双方的对阵中悟出了不少名堂。渐渐地，洪钟的话多了起来，父亲也有意加以引导，常常在走动棋子前，征询一下洪钟的意见。洪钟竟能回答得头头是道，十分在理。几天后，棋艺大长的洪钟开始单独与父亲对阵。最初，父亲还能应付，越往后，便感到吃力，以至无力还手，只好笑着认输。

船行至山东临清。临清是运河之畔的大码头，街上人来人往，熙熙攘攘，街道两边店铺一个挨着一个，南北货物，应有尽有。

洪钟跟着父亲上街。洪钟既不要买吃的，也无心看热闹，而是专门盯着牌坊上那苍劲浑厚的大字，和商家招牌上的各种大字，出神地看着，有时连比带划，指指点点，像着了魔似的，看得忘记了走路。父亲拉他一把，他才向前走几步。当看到一种新字体时，又比划起来。一趟街，转了几个小时，小洪钟看了一路的字。

回到船上，洪钟要父亲拿笔墨纸砚来，说自己要写字。说来也怪，只认得一些字，但从来还没正规练过字的小洪钟，拿起笔来却得心应手，点撇横竖写得还真像回事。写得一手柳体好字的父亲，始终在一旁兴致勃勃地观看，不时给予指导。

从此，洪钟迷上了书法，成天趴在桌子上写呀写的。几天后，柳体字竟写得惟妙惟肖，尤其是把点画写得像刀切一样劲挺，好像是得了柳公权的真传似的。父亲为儿子的神速进步感到高兴。

到了京城，一住进旅店，洪钟拿出笔墨，着迷似地又趴在桌子上写起来。旅店的老板看到洪钟正在写的字，大吃一惊。精明的老板从中看到了生财之道，便说："小孩能写这么好的字，真是造化。马上要过年了，你们何不摆个字摊，帮人写写门联，挣点钱。"

洪钟的父亲何尝不想挣点钱，便故意对店老板说："小孩子的字，在家里写写，还马马虎虎，拿出去，怕登不上大雅之堂吧！"

店老板以生意人特有的口气说："字写得这么好，又是这么小的孩子写的，肯定卖得出去。你们看看，对面那条街上，卖字的王秀才，他的字哪如您的公子呢，生意不也很好吗？"

一直在一旁凝神听着的洪钟，头一歪对父亲说："我们就试试吧。"

洪钟与父亲便租了店老板的一间房子，临街卖起字来。

北京人有过年贴门联的风俗，在大红纸上写上一些祈福、吉利的话，图个吉庆、热闹。洪钟与父亲摆出字摊，一天下来，收入可观。见多识广的京城士民，从来还没听说过这么小的孩子，能写一手好字。消息传出后，每天前来观看、购买的人，络绎不绝。有人夸他的字是"柳公权再生"，有人夸他"得柳体之神韵"，大家惊奇地称他为"神童"。

一传十，十传百，这个消息很快传到明宪宗朱见深那里。于是，皇帝将小洪钟召进宫里，让他当场写字。桌子太高，够不到，小洪钟就在地上铺开纸，连写数字。字体端庄，遒劲有力，果然名不虚传。兴致极高的宪宗指名让洪钟写"圣寿无疆"四个字。洪钟听了，手握着笔，久久没有下笔。宪宗笑着说："你怕是不认识这几个字吧？"

洪钟连忙向皇上叩头，说："不是我不认识这几个字，而是这几个字太神圣了，不敢随便写在地上。"

宪宗听了洪钟的话，大加赞赏，马上命太监把踏凳端来，给他垫脚。太监在桌上铺开宣纸，洪钟站在踏凳上，手握毛笔，饱蘸浓墨，一挥而就，"圣寿无疆"四个笔意酣畅的大字呈现在宪宗眼前，乐得宪宗两眼眯成了缝。宪宗十分欢喜，马上传旨给翰林院，要他们破格安排洪钟进国子监学习，并供给洪钟学习时的膳食费用，让他专心读书，以备日后重用。洪钟的父亲，也升为国子监助教，以辅导儿子读书。

第 43 则

才思敏捷叶琼璋

中国历史上的才女，可谓层出不穷，数不胜数。

明朝后期，风景秀丽的江苏吴江县城北，有一户姓叶的人家。这家男主人叶仲韶在官场为官，但一辈子也只是个名不见经传的低级官员。其妻沈宜修的文学功底很深，吟诗填词，样样精通。在沈宜修的熏陶、教育下，他们的三个女儿也个个才华出众，在当时就享有“才女”之名。大女儿叶昭齐著有《芳雪轩集》，二女儿叶蕙绸著有《鸳鸯梦》传奇，三女儿叶琼璋有诗词集《返生香》存世。一门三“才女”可谓世所罕见，而其中尤以小女儿叶琼璋才思敏捷，最为出色。

叶琼璋出生六个月便过继给舅舅家，由很有文才的舅母抚养。小琼璋聪明过人，悟性极高，被舅母视为掌上明珠。当小琼璋牙牙学语之时，舅母便诵读唐诗给她听，小琼璋四岁时已能背诵很多的唐诗了。接着舅母又教她读《离骚》、《诗经》。琼璋的记性极好，几年下来，不仅把《千家诗》、《离骚》、《诗经》背得滚瓜烂熟，而且还认识了很多字。有一天舅母写了个“赋”字给她认，这是几天前学过的，琼璋一见就认出来是“赋”字。舅母故意为难她说：“不对，这是个‘贼’字嘛。”小琼璋马上争辩说：“‘赋’与‘贼’都是‘贝’字旁，‘赋’字加‘武’，‘贼’字加‘戎’，不一样。您对我说过，《诗经》用的是赋比兴的手法，这赋比兴的‘赋’不就是这个‘赋’么？”舅母见琼璋说得有板有眼，还引经据典、煞有其事的，十分高兴。

小琼璋很有灵性，什么东西一学就会，七八岁时练书法，学画画，写的字，画的画都因娟秀、清丽深受时人好评。

琼璋十岁时，体弱多病的舅母过世了。舅母与琼璋情同母女，谊同师徒，她的死给琼璋造成了心灵的巨大创伤。四年后，叶琼璋清明上坟时还伤心欲绝，她以真挚的感情写了一首哀婉动人的诗来悼念舅母：

十载恩难报，重泉哭不闻。

年年春草色，肠断一孤坟。

舅母死后，沈宜修将琼璋接回身边抚养。一天晚上，母亲与琼璋围坐灯下。此时正值仲秋之时，窗外秋风萧瑟，月光如水。谈兴正浓的沈宜修，有感于怀，随口吟道：

叶影风中尽

琼璋听了母亲这句诗，一句对诗也脱口而出：

虫声月下多

母亲又乘兴吟道：

桂寒清露湿

琼璋又接上一句：

枫叶乱红凋

母亲非常高兴，女儿的对诗，不仅才思敏捷，而且对仗工整，出语不俗。在母亲的指导下，琼璋作诗填词的技艺大进，大有青出于蓝而胜于蓝之势。

叶琼璋还填过不少词，她填的词，格调清新，活泼开朗，既有少女的天真，又有文人的雅致。她有一首《浪淘沙·秋怀》：

青女降枝头，已解添愁。暮蝉声咽冷箜篌。试看夜来多少露，草际珠流。　　身世一浮鸥，岁月悠悠。问天可借片云游？袅袅乘风归去也，直上瀛洲。

十分可惜，才女叶琼璋十七岁那年，因病不治而死。沈宜修含着悲痛，把女儿叶琼璋写的诗词汇集起来，命名为《返生香》，以寄托对女儿的哀思。这本诗集在江南一带的士大夫家中广为流传。

第

44

则

龚鼎孳巧对主考

明朝末年，国家多事，朝廷疲于奔命，但三年一度的科举考试仍照常进行，仍被世人视为盛大、庄重之事。崇祯初年（1628年），在庐州（今合肥）贡院应试的莘莘学子中，有一个年仅十一二岁、稚气未脱的“童生”。他叫龚鼎孳，字孝升，是参加这一届秀才考试中最年轻的一位考生。

明代的科举考试分为三级，第一级称院试，考生称童生，考试合格者便为秀才；第二级称乡试，合格者为举人；第三级称为会试，考中者就是进士了。科举考试是士人进入官府为官的一条道路，因此士人趋之若鹜。

这一天，庐州贡院门前热闹非凡，送考的人远远站在一边，应考的人排着长队，慢慢地向着栅栏的入口移动着。依照惯例要对考生进行严格的检查，以防考生作弊。由于是逐人检查，入场的长队行进很慢。

这时，主考官从贡院中踱了出来，看到一个小孩高高地骑在一个大人的肩膀上，十分惊奇，于是走过来问道："来参加考试怎么还带了小孩来？"显然，他把眼前的中年人当成考生了。

龚鼎孳的父亲一见是个官员，连忙赔着笑脸说："是小儿龚鼎孳参加应试，我是来送考的。小儿个头小，我怕他被人给挤着了，就让他骑在我的肩膀上。"

主考官一听，笑了起来。他有多年的主考经历，见的考生多了。虽然应试的考生称为童生，但应试的多为成年人，三四十岁还来应试的，也不乏其人。少年应试的他也见过，像眼前的考生这么小，还骑坐在父亲肩膀上的，他还从来没见过，于是，他产生了很大兴趣。他问了龚鼎孳一些话，龚鼎孳回答虽然还是稚声稚气，但却有板有眼，说得头头是道。主考官看着眼前这位满脸稚气，却有着一对清澈明亮黑眼珠的少年童生，笑着说："我出个对子让你对对好吗？"主考官是想试试这个小孩的文才和反应的灵敏程度。

龚鼎孳毫不怯场，头一歪说："好吧，请大人出题吧。"主考官随口出了个上联：

小学生将父做马

龚鼎孳眉头一动，一句下联脱口而出：

老大人望子成龙

主考官见他对得很地道，反应敏捷，出语不俗，于是又出了一个四个字的上联：

以左右望

这是《孟子·公孙丑》中一句话里的四个字，以此来形容他刚才所见到的、龚鼎孳东张西望的样子。龚鼎孳略加思考，对了下句：

与天地参

也是四个字，是出自《中庸》二十二章中的一句话。意思是，天地与我合成三才，正合《三字经》中的"三才者，天地人"之意。主考官出的上联，龚鼎孳对的下联，都是从《四书》中挑出的句子，对得很是贴切。主考官没想到，一个小孩对《四书》竟会这样熟悉。他点点头，笑着说："小小年纪，机灵得很哩！"

主考官也是个饱学之士，沉思了一下，又出了个上联：

东场棚，西场棚，肚里无有东西；两扇门关，只是写东画西而已。

这是以考场为题出的对子。当时考生进入贡院大门，各自进入东西两边顺序排列的单人独室的小房子里；考生入场完毕，便关闭贡院大门，号炮三响之后，考生开始做考卷。主考官这句对子，很巧妙地说了考场设置情况，又一语双关，暗指应试童生中，肚里没有学问的人不少。

龚鼎孳思索一会，便对出了下联：

天字号，地字号，胸中自有经纶；三声炮响，岂不惊天动地者哉！

"天、地"是当时通行的，按照《千字文》中"天、地、玄、黄"的顺序，作为考房代号。龚鼎孳也是一语双关，既说明考场情况，又暗指考场是藏龙卧虎之地，其中肯定会有一鸣惊人、一举成名的大才。

"小小年纪，如此才华，岂能不中！"主考官对龚鼎孳赞叹不已。

在进贡院前的不长时间里，龚鼎孳连续对了三个对子，显示了他的出众智慧、惊人才华。

后来，龚鼎孳十九岁中了进士。进入清代，龚鼎孳与钱谦益、吴伟业被时人称为"江左三大家"。在这三个文学家中，龚鼎孳才思敏捷，下笔成章，数千字的文章，一挥而就，而且无需修改也辞藻缤纷，文采斐然，最为时人所重。

第 45 则

夏完淳痛斥贰臣

夏完淳，字存古，华亭（今上海松江）人，自幼聪颖非凡，享有“江南神童”的美誉。他五岁知五经，七岁能作诗，九岁写下《代乳集》，十三岁作《大哀赋》，文采宏逸，名震江南。夏完淳的诗词、散文，风格高亢激昂，笔力雄健质朴，感情真挚悲怆，艺术成就很高，尽管只活了十七岁，但已跻身明末著名文学家的行列。

夏完淳不仅文才出众，而且，在民族危亡之际所表现出来的大义凛然的民族气节，视死如归的英雄气概，惊天地、泣鬼神。

崇祯十七年（1644 年）五月，清军越过山海关，进入北京。十月，清顺治帝从沈阳迁都北京。从此，开始了清王朝近三百年的统治。

这时,风起云涌的抗清活动如火如荼,尤其在南方,抗清活动此起彼伏,最为激烈。松江有一批知识分子,主动联络明朝的残余军队进行反清活动。十五岁的夏完淳,也以极大的热情投身其中。

为对付南方反清力量,清朝廷派原明朝的蓟辽总督,崇祯十五年(1642年)降清的洪承畴,总督南方军事,企图一举降服、招抚南方反清力量。

在清军大举进攻下,南方分散、互不统属的抗清活动,虽进行得有声有色、英勇顽强,但最终被清兵各个击破。松江这支反清力量失败后,夏完淳又去投奔吴易。吴易组织了一支水上义军,活跃在太湖之上。

夏完淳变卖家产,把钱全部交给义军做抗清军费,并自告奋勇写了一道慷慨激昂的奏章,派人送给以监国名义驻在绍兴的鲁王朱以海,请他坚持抗清到底。此时的朱以海,名为监国,实际上只是一个政令难出绍兴、苟延残喘的小朝廷。朱以海接到夏完淳的奏章,见到活跃在太湖上的这支抗清力量主动拥戴他,自然十分高兴,于是,给了夏完淳一个中书舍人的空头官衔。

夏完淳以参谋名义协助吴易指挥抗清。这支水上义军,利用熟悉的地形,在太湖边神出鬼没,打得前来围剿的清兵一时晕头转向。但不久清军政治、军事两手并用的策略,收到了效果,吴易牺牲,义军中一些人变节,这支水上义军溃散了。

夏完淳只身逃窜隐匿起来,但他抗清之志不灭,仍为抗清奔走。但不久他即被清军俘虏,解往南京,下在大狱之中。夏完淳忠贞不贰,誓死不屈。惟一令他扼腕长叹的是:恢复中原的壮志没能最终实现。

清军对夏完淳进行威逼,但夏完淳始终坚强不屈。洪承畴认为:夏完淳年纪虽轻,但他是名声很大的“江南神童”,如能将夏完淳招抚归降,将有助于招抚其他人，于是洪承畴决定亲自出马劝降。

这天，洪承畴派人将夏完淳从狱中提出来，带至总督府的大堂上。

洪承畴身穿绣着仙鹤的崭新官服，头戴镶嵌着红宝石的花翎顶戴，一副春风得意、踌躇满志的样子，威严地端坐在长案后面；几位助手侍立在旁，两边排列着威风凛凛的武装卫士，大堂上一派庄严、肃穆的气氛。

洪承畴干咳了两声，故作温和地对夏完淳说："你是江南有名的'神童'，聪颖过人，文才出众，日后，江南文坛自然会多多借重你呀！"

夏完淳一见身着清朝官服的洪承畴，便露出鄙夷的表情，一股无名之火油然而生，心里骂道：你这个没有骨气的人，大明不就亡在你洪承畴、吴三桂之流的手里么！他愤怒地回答道："大明亡在清人之手，家父死于抗清之中，国仇家恨，我如何能忘！"

"人随王法草随风。现在已是清朝的天下，你何必还要抱着朱家的明朝不放呢？你年纪轻轻，来日方长，你要为自己多考虑考虑呀！"洪承畴以劝解的口气对夏完淳说。

"我已考虑过了，气节是立身为人的根本。我是汉人，深感归顺清廷是一种耻辱！"夏完淳慨然回答说。

洪承畴冷笑一声，说："识时务者为俊杰。这么多的汉人都归顺了清廷，还能都是没有气节？就靠你一个人，还能把朱家给扶起来？再说，即使朱家被扶起来了，对你又能有什么好处？你归顺了清廷，还会亏待你？"洪承畴说到这，顿了顿，看看夏完淳，然后用手指指几位侍立一旁、身穿官服的助手，又指指自己说，"他们是汉人，我也是汉人，我们觉得，大清与大明并没有什么不同。"

"你们是汉人中的败类！汉人中有气节的人多着哩，汉代的苏武，南宋的文天祥，不都是因为有气节而流芳百世吗？而秦桧，就永远跪在岳王坟前，被人所唾骂。”说到这，夏完淳灵机一动，提高嗓门故意说，“就说大明的蓟辽总督洪承畴吧，你不知道吗？他可是个响当当的抗清义士，当年松山一战，他宁愿战死而不偷生，结果壮烈殉国，彪炳千古！”夏完淳看看洪承畴，只见洪承畴脸上一阵青一阵白，表情尴尬，哭笑不得。

一个官员以为夏完淳不知道端坐在上面的就是洪承畴，于是提醒他说：“你不要胡说八道，上面坐着的就是洪大人。”

夏完淳放声大笑，说：“这也是洪大人？这是冒牌货洪大人吧！你瞧他，一身的骨头还没有四两重哩！正宗的洪大人早已忠魂归天、为国牺牲了。崇祯皇帝当年为他设灵堂，亲自祭祀，倍极哀荣，国人哪个不知！”

气急败坏的洪承畴仍不死心，说：“不得胡言乱语！这是你最后一个机会了，如归顺清廷，我保举你做官，享荣华富贵，如执迷不悟，等待你的只有死路一条。”

夏完淳轻蔑地说：“我绝对不吃嗟来之食，卖身求荣，我绝对不干。我绝不做像你这样遗臭万年的败类。不要再说废话了，要杀要剐，由你便吧！”夏完淳一身正气，说得斩钉截铁。

洪承畴碰了一鼻子灰，越想越气，恼羞成怒，喝令士兵把夏完淳拉下去。夏完淳一边走，一边还骂个不停。

夏完淳以充满智慧与正气的话语，当面痛斥了洪承畴对明王朝的背叛，引起了很大震动，人们无不佩服夏完淳的智慧与勇气，这也成了江南百姓一时私下谈论的中心话题。

清顺治四年（1647 年）九月，这位睿智的少年英雄在南京西市被杀害了。

第

46

则

康熙计捉鳌拜

爱新觉罗玄烨，即康熙皇帝，是中国历史上一个以文治武功而闻名于世的皇帝。康熙八岁坐上金銮殿的宝座，继位时人小年幼，朝廷上的大小事情都由辅命大臣筹划做主。

康熙的父亲顺治皇帝临死前，安排了四位顾命大臣，来辅佐小皇帝治理国家。武将出身的鳌拜，权重势大，既专权又骄横，根本不把小皇帝放在眼里，其他大臣则更不在话下了。鳌拜俨然成了朝廷的化身，他的府邸一时也成了政治中心，凡事都由鳌拜找人商量好，然后再拿到朝廷请皇帝过目，让大臣讨论。其实，也只不过是做做样子而已。此外，鳌拜在朝廷内外还剪除异己，培植私党。他性情粗暴，对大臣们常常高声训斥，大家都恨他，但又拿他没有办法。

康熙在十四岁时，开始亲政了。不过，康熙亲政后，鳌拜仍然大权独揽，我行我素，一如既往。

一次，在朝廷上，康熙不同意鳌拜对苏克萨哈的处置，两人争了起来。鳌拜对康熙说："苏克萨哈（四个顾命大臣之一）心怀不轨，蓄谋篡权，欺君罔上，目中无人。我已下令把他抓了起来，请皇上同意将苏克萨哈立即正法。"

康熙知道，这是鳌拜在泄私愤，滥杀大臣，以拔去眼中钉，便对鳌拜说："苏克萨哈是朝廷命臣，众望所归，你说他'心怀不轨'，又拿不出证据。不能杀。"

一个要杀，一个不准杀，相持不下，谁也说服不了谁。鳌拜一气之下，袖子一甩，扬长而去。满朝文武没人敢讲一句话，坐在宝座上的小皇帝也无可奈何。回到家里后，鳌拜马上下令绞杀苏克萨哈，并诛杀了他全家。

康熙听到苏克萨哈被处死的消息后，气得两眼冒火，暗暗下决心，要除掉这个弄权欺主的鳌拜。

康熙要除掉鳌拜，也不是一件容易的事。鳌拜大权在握，党羽遍布朝廷内外，弄不好会激起事变，后果不堪设想。再说，鳌拜身高力大，技艺高强，而且平时戒备森严，侍卫总不离身。要除鳌拜，只有出其不意地一举将他制服，才是万全之策。经过一夜的思考，康熙定下了除鳌拜之计。

为做到万无一失，康熙采取了一些欲擒故纵、迷惑鳌拜的权宜之计。第二天，鳌拜上朝，康熙不露声色，也不提起苏克萨哈的事情，似乎昨天根本没有发生过那件使他大失脸面的事。鳌拜心里也洋洋自得：皇上到底还是个小孩，你硬一硬，也就过去了。

接着，康熙又给鳌拜晋爵位加封号，而且给鳌拜的儿子也分别加官晋爵。鳌拜心里美滋滋的，认为小皇帝对他还是跟以往一样。

康熙挑选了十几个年轻力壮的小太监，在宫内舞刀弄棒，练习角力摔跤。自己充当教练，有时也加入进去，与小太监对阵取乐。消息传到宫外，大家都认为小皇帝是在变着法子闹着玩哩。

鳌拜进宫奏事，见到小太监们在练习摔跤，康熙在一边观战、助威。他也认为小皇帝是瞎折腾、闹着好玩，对此并不在意。

一年时间过去了，一切如旧：鳌拜还是那样为所欲为，康熙对鳌拜还是那样信任，大事小事都仍找他商量，让他决断。在鳌拜的眼中，康熙始终只是一个爱玩爱闹的小孩。渐渐地，鳌拜放松了戒备之心。

练习拳棒摔跤的小太监，技艺也纯熟了，康熙见时机已到，决定下手。

一天，康熙派人请鳌拜进宫，商议要事。鳌拜兴冲冲、毫无戒备地直奔宫中。这时，康熙正和小太监摔跤玩哩。

鳌拜走上前去，刚要与康熙打招呼，只见十几个小太监围了上来。说时迟，那时快，小太监们一拥而上，有的拉胳膊，有的拽腿，将鳌拜扳倒在地。

当鳌拜反应过来感到大事不妙，急待挣扎时，十几个人牢牢地将他压在地上，哪里还能挣扎得动。接着小太监们七手八脚地用绳索把他结结实实地捆了起来。

康熙正言厉色地训斥鳌拜说："你欺凌幼主，飞扬跋扈，滥杀无辜，图谋不轨，今日被捉，是你罪有应得！现在将你关进大牢，待查清你的罪行后，再加严惩，决不宽贷。"

擒贼先擒王。鳌拜被捉住后，他的余党也先后落入法网。经过朝廷大臣的审议，归纳了鳌拜三十条罪状，条条都是死罪。后来，康熙念鳌拜曾经在战场上救过祖父皇太极的命，将他免去死罪。但不久，鳌拜还是死在牢房里了。

康熙定计，兵不血刃，巧妙地捉住了鳌拜，除去了宫廷之患。

定计除鳌拜，是康熙亲政后所做的第一件大事，这一年，康熙十六岁。从此他得以施展宏图大志。康熙改革清初的落后政策，重振纲纪，刷新朝政，社会经济开始复苏，国内逐渐出现了新气象。

第

47

则

李光地化险为安

李光地，字晋卿，福建安溪（今福建安溪）人。清康熙年间，他既是政治上的活跃人物，又是学术界的知名人士。他为清廷出谋献策，平定耿精忠的叛乱，收复台湾，算得上是个谋略之士。

幼年的李光地就好学深思，早熟早慧，聪敏过人。李光地在他九岁那一年，不幸落在了绿林大盗的手中，由于他沉着冷静，机智应变，竟平安地返回家中，令人称奇。

当时，李氏一门聚族而居，人丁兴旺不说，家族中还有人在外当官，因此，外界都说李氏祠堂的“风水”好。有一个绿林首领也姓李，因脑袋长得特别大，江湖上送他个“李大头”的绰号。他看中了李氏祠堂这块“风水宝地”，一心想据为己有。

一天，李大头率领部众几十人，举刀挥棒，杀气腾腾地蜂拥而至，占据了李氏祠堂。李氏一族被吓住了，一时不知如何是好。李氏族长召集了族中成年人在祠堂门外商讨对策。这时李光地也随父来到祠堂前。

李大头一眼看到了眉清目秀的李光地，头脑里一转，想到这孩子今后一定有出息，而自己八岁的儿子也需要有个伴，在一起读读书。于是，动了把李光地收为养子的念头。他打开祠堂门用手指着李光地喊道："喂，你过来！"

大家一看李大头喊李光地进去，吓得大气都不敢出。李父紧紧地搂住儿子。李光地心想：李大头绝不会一见面就要害他的。进去就进去吧，到时也好见机行事。想到这里，李光地轻轻推开父亲的手，面不改色，只身走进祠堂。

李大头见他来了，心里一高兴，马上派人传话说："你们同意把这个小孩送给我做儿子，我们就井水不犯河水，我带他远走高飞；如果敬酒不吃吃罚酒，就莫怪我李某不讲情面了。"

李父一听，如五雷轰顶，只觉得天旋地转起来。一族人七嘴八舌地劝慰，但谁也没有好主意。沉默了好一会，老族长恳切地对李光地的父亲说："族门不幸，遭此大难！事到如今，又有什么办法呢？我看不如答应他吧！这样不仅能保全咱们全族的性命、财产，而且也保住了世代相传的祠堂、风水，功德无量啊！还有光地这孩子聪明异常，不是一般小孩能比的，以后说不定还会回来的！"

为了保全一个家族，李父权衡再三，只好点头答应。李大头很快挑选了一个黄道吉日，举行收养仪式后，离开了李氏祠堂。

李光地在被收养的仪式上叫过李大头一声"父亲"，但自从跟着李大头去后，却再也没有喊过李大头一声"父亲"了。李大头对此很不高兴，这一天，喊来光地，对他说："我们自收养之日起已是父子关系了，平时就要以父子相称。这些天你为什么不叫我'父亲'？"

李光地撇撇嘴说:“你不是我的父亲,也不配做我的父亲,凭什么要我喊你为父亲呢?”李大头脸色大变,勃然大怒,说:“你在那天的收养仪式上,不是已经行过大礼,喊过了吗?”

李光地马上接过来说:“那是我遵从父命,并非出自本意。”

李大头气急败坏地说:“好啊,你竟敢和我耍滑头,看我给你点厉害尝尝。”

李光地平静地说:“你的儿子比我还小一岁,你这样对我,难道你不怕会有人用同样的方式对待你的儿子?”

“我看你还嘴硬?”说着,李大头劈面就是一掌,打得李光地嘴鼻流血。然后又把李光地关了两天,想迫使他就范,但李光地就是不肯屈服。

盛怒之下的李大头想了个坏主意:他命人把门窗关死,用烟向屋里熏,如果李光地不讨饶,就将他熏死。一天一夜过后,李大头估计李光地必死无疑,令人打开门查看。

谁知,浓烟散去后,李光地却揉揉眼睛,摇摇晃晃地从地上站了起来,这真是奇迹!李大头惊呆了。原来,李光地发现靠近门边的低处,烟雾浓度低,于是,他卧倒在地,用嘴巴贴着门边地面缓缓呼吸,因此,他能在满屋浓烟中幸存下来。

李大头心想:吉人自有天相,这小东西神态不凡,想必一定是有菩萨在保护他。他的态度不觉软了下来,但口气还很硬地对李光地说:“孙悟空翻不出如来佛的手心,你小命还捏在我手里,如果你顽固到底,”说着,李大头做了个刀劈的手势,“最后就是这样!”

李光地答道:“你可以杀我,杀了我不要紧。你知道‘螳螂捕蝉,黄雀在后’这句话吗?”

“此话怎讲?”李大头心头一跳。

李光地不慌不忙地说:“天网恢恢,疏而不漏。官军正在对你撒下天罗地网,你想想看,自古哪有不败的绿林人?”李光地看了一眼陷入沉思的李大头,又接着说,“你要是被官军抓住了,连你的一家人都会跟着送命的,你的儿子也不能免。我死了,我还有几个弟弟,我们李家还会一脉相承地延续下去的。你的儿子死了呢?”

李光地的一番话,把李大头说动了。李大头走进内室与妻子商量。李大头的妻子想了想,对丈夫说:“这小孩子命大,将来肯定福大,造化大。我们已是大半辈子的人,该为我们的儿子留条后路了。我看不如把这小孩放回去,把我们的儿子也托付给他家,保全了儿子,我们李家的骨血就能延续下去,我们也无后顾之忧了。”

妻子的话正合李大头的心意,于是,他派人请来李光地的父亲,将两个小孩都交给他带回。从此,李大头率众远走他乡。

李光地靠自己的聪明、智慧,奇迹般地保全了家族的利益,也保全了自己。

第

48

则

年羹尧学艺

清朝的年羹尧，官做到封疆大吏。

但幼年的年羹尧却桀骜不驯，难以管束，尤其不爱读书。他的老父年遐龄为此大伤脑筋，于是张榜不惜重金聘请老师，但也无人问津，因为周围的人都知道这钱太不好拿。

有一天，来了一位鹤发童颜、年近六十但身手矫健的老先生，表示愿意当年羹尧的老师。年遐龄见其风尘仆仆远道而来，便诚恳地对他说："恐怕先生年事已高，教不了我这淘气的儿子。实不相瞒，一年之中已有三位先生被不肖子赶走了。"老先生平静地说："这些我都知道，试试吧！"

年遐龄挑了个吉日，让儿子行了拜师礼。第二天，年羹尧也不进书房门，只是自顾自地在花园中跑进跑出，玩得开心。

老先生也不喊他。再过一天,仍然如此。一连三个月,年羹尧从未跨进一次书房大门,仿佛将先生给忘记了似的。而老先生一点也不着急,任由年羹尧玩耍,从不喊他进书房读书。

这一天,老先生取出胡琴拉了起来,悠扬激越的琴声传至窗外。忽然,年羹尧推门而入,要跟先生学琴,老先生说:“你学它有什么用呢?还是去玩吧!”

年羹尧再三表示“愿意学琴”。于是,老先生开始教他学琴,年羹尧果然资质聪颖,没几天,拉出的琴声已成音成调。但几天一过,便放下胡琴扬长而去,不肯再学了。

老先生不勉强他,也不责怪他。

一日,老先生又取出箫来吹奏,低沉苍劲的箫声如诉如泣。年羹尧又推门而入,说:“先生,我愿学吹箫。”

老先生笑笑说:“这不是你能学的,即便学,也绝不会吹成调的。”年羹尧一再请求,老先生开始教他吹箫。不几天,年羹尧刚刚能吹出音调来,又丢下箫管而去。

光阴荏苒,不觉半年时间过去了,年羹尧竟没有随老先生读过一天书。

这一天,老先生故意在书房内练习拳棒。年羹尧从窗外看到后,连忙跑进门对先生说:“这个我最有兴趣了,请先生一定教我。”

先生说:“听说你的力气大,也会几招武术,你把家中仆人找一些来,先交交手,让我看看你的功夫究竟怎样。”

大喜过望的年羹尧一会便找来了十六个人。仆人们一人拿着一根棒,来到院中。年羹尧对先生说:“请先生看看我的力气。”话音未落,举棒便是一扫,十六名壮汉仰面跌倒。

老先生说:“你力气是不小,敢与我交手吗?”

年羹尧回答说:“如我打倒了您,可不要说年家小儿又打老师啦。”

先生说:“不要多虑。”两人便在院子里交起手来。你来我往,正交手时,年羹尧忽然不见了老师。急呼:“先生!先生到哪去了?”谁知,老先生已转至年羹尧的背后。先生行动如此迅速,令年羹尧难以置信。一连三次都是如此。

年羹尧这才知道,先生身怀绝技,非同一般。于是连忙跪在先生面前,恳求道:“先生一定要教会我。”

老先生追问一句:“是真的要学吗?”

年羹尧回答:“是真的要学,不敢再半途而废了。”

老先生从房中取出一卷书。递给年羹尧说:“你要真想学,想把本事真正学到手,你就读这本书吧!”

年羹尧大惑不解,问老先生:“我要跟您学武艺,读这书有什么用呢?”

老先生对年羹尧说:“武打技巧,只能敌一二人而已。读此书,则可以敌万人。”

年羹尧说:“先生是在欺骗我。这本书,我用指头轻轻一弹,便能弹出一丈开外,怎么说它能敌万人呢?”

老先生以严肃的口气说:“这样说来,你还是不想学。我也不强求你,你还是去玩吧!”

年羹尧不得已,对老先生说:“那我就听您的话,读书吧!”

自此以后,在先生的督导下,年羹尧手不释卷,潜心攻读,朗朗的读书声从书房传了出来,不绝于耳。连外面都知道,年家这个调皮的小儿在拜师读书了。年羹尧的文章、武艺也在与日俱增。

转眼三年时间过去了,老先生辞行要走。年遐龄苦苦挽留。老先生说:“我已再无可教的东西了。”年遐龄以千两白银相赠,感谢先生把不肖浪子拉回了头。老先生坚辞不受,说:“老夫传技有人了,我不远千里来此,就是为了此目的。公子有朝一日,如能干一番事业,我就不虚此行了。”

这位老先生以出众的智慧,独特的方法,循循善诱,终于造就了栋梁之材。

年羹尧二十一岁中进士,三十岁便升任四川巡抚,接着总督川陕,威震西北,功盖天下。然而,由于居功自傲,作威作福,正值盛年之际,却被雍正皇帝命令他自杀了。

第
47
则

金农托古吟诗

清代大运河之畔的扬州，地处水陆交通要冲，是淮盐的集散地，漕运、盐运的咽喉。这里商业繁盛，人烟辐辏，文化发达，是著名的商业文化名城。

清代的“扬州八怪”，是指经常客寓扬州，画风自成一格，不受正统技法技巧约束，富有独创精神，书画成就高而不同流俗的八个人。

金农，字寿门，号冬心，浙江仁和（今浙江杭州）人，是“扬州八怪”之一。金农一生博学多才，工诗词，善书画，精于鉴识古玩，雅好收藏文物，是个道地的文化人。

他的书法，用秃笔重墨，像用扁刷子所写，自成一家，很为时人所推重。金农长于画梅，用淡墨画主干，浓墨写枝点蕊，正反转侧，黑白分明，用笔简练，但立意新奇，气韵清逸，艺术造诣很高，对后世影响很大。

商品与书画，在扬州是巧妙地结合在一起的。商人有的是钱，但缺少的是文化。商人精于算计，不少人却胸无点墨。商人往往为求得心理的平衡，附庸风雅，喜欢与文化人交往，也热心索购字画来装点门面，点缀厅室。文化人往往缺少的是钱，为生计，为满足需求，他们把自己的作品当商品出售。金农就是这样一个以出售字画为生的画家。

金农年轻时不但善作字画，还诙谐机智，出语惊人，善于与人交游、周旋。

一天，一个富有的盐商想请金农为他精心画一幅画、写一幅字，以装饰他新近购置的新居。为联络感情，他特地请金农到平山堂吃酒。

平山堂位于瘦西湖畔，是个老字号酒楼。平山堂，布局精巧，古朴典雅，傍湖依水，风光优美，内室里都张挂着名人字画，文化气息很浓。平山堂的烹饪之精，做工之巧，规格之高，在扬州城是一流的。一般食客根本不敢问津。

这个盐商大亨，还请来了一些商界朋友与一些文化界人士作陪。金农是主客，自然被推为首席。

酒桌上，谈笑风生。一位客人提议，行酒令以助酒兴，大家都赞成。

这个客人于是提议用飞“红”令，即行令人念出一句古诗词，诗词中须有“红”字，而“红”字飞落在谁的身上，谁便喝酒一杯；如果所念诗词中不见“红”字的，要罚酒三杯，大家欣然同意。

倡议者先行令，他张口就说：“浓绿万枝红一点。”这是王安石《咏石榴花》中的一句。“红”字飞落在一个文士身上，他得了个“头彩”，喝了酒之后，随口念了一句：“早是残红枝上少。”这是金人段克己《蝶恋花》中的一句。“红”字落在一个商人身上，他端起酒杯一饮而尽。商人眨眨眼睛，也念了一句“百叶双桃晚更红”,这是韩愈的一句诗。轮到金农后,他信口念道:“桃李无言花自红”,是欧阳修的一句诗。一个文人接下去说:“一道残阳铺水中,半江瑟瑟半江红。”在笑语喧阗中,一壶酒喝完了。

这下又轮到东道主盐商了,刚才他接了一句:“红杏枝头春意闹”,引起大家哄然大笑,因为,“红”字没飞起来,落到了自己的身上,结果自己喝了一杯酒。这次,大家又都想让他出洋相,罚他的酒。他是个不通文墨的粗人,也是个不伤和气的热闹人。

只见他瞪眼皱眉,苦苦思索,一个性急者便说:“干脆就喝三杯吧,你喝酒比念诗利索得多!”

这个盐商大亨脸憋得通红,也不情愿认罚,突然像有了灵感,念了一句:“柳絮飞来片片红”,然后自鸣得意地说:“怎么样!怎么样!你喊得最凶,嗨!正好轮到你喝酒。”他用手指着对面坐着的一个文人。

只见对面这个文人笑着问:“这句诗出自哪里呀?”

盐商大亨说:“不要问出自哪里,轮到你,你就喝酒吧。”

这个文人又说:“这是你信口胡诌的,柳絮怎么会是红的?你说说看,你说得出来,我不但喝下这杯酒,我还要受罚三杯。说不出来,对不起,要罚你胡诌古诗三杯酒。”

盐商大亨哪里能说得出来?

金农在一旁插嘴说:“不错,这是古人的诗句。”

另一个文士也说话了:“金先生,真是秀才人情半张纸了,您今天坐首席,自然要帮东道主说话了。这样吧,金先生,您说是古诗,念出来我们听听吧。念不出来也要罚您的酒。”其他人也附和着说:“对,对!”

金农笑了笑,平静地说:“这是元朝诗人赞美平山堂的诗句:廿四桥边廿四风(扬州的二十四座桥,风光各有不同),凭栏犹忆旧江东。夕阳返照桃花渡,柳絮飞来片片红。"

"好诗,好诗!"这个盐商佩服金农学识渊博,记忆惊人。

桃花渡就在平山堂外,其时正值三月阳春,满树桃花盛开,红花灼灼,在阳光照耀下,一片绯红;飘飘扬扬的柳絮,在桃花上飞舞,仿佛被染红一样。"柳絮飞来片片红"极富于诗情画意。

这几个文士没有话说了,只好喝下认罚的三杯酒。盐商在一旁得意地直拍手。

金农为盐商大亨解了围,盐商觉得赚足了面子,异常高兴。第二天,特地携带高出购买字画几倍的银两,登门向金农致谢,取回字画。

其实,这哪里是什么元人的诗句,而是金农灵机一动,随口念出来的诗。如此颖悟,出口成章,连那些通文墨的文人,也被他骗了。

第

50

则

郑板桥改诗

郑燮，字克柔，号板桥，一生以郑板桥之名闻名于世。郑燮是江苏兴化人，清代杰出的诗人和画家。

郑燮从小就有很高的悟性和过人的聪明。特别难能可贵的是，他有主见，有个性，有独立思考的精神。他在私塾中读书，常常能鼓起勇气，敢于向威严的老师提问题。郑燮少年时代的老师，知识渊博，开明通达，威严之外，还非常爱才惜才。因此，对郑燮的提问，他总是耐心地给予解答。

这年，阳春三月的一天，老师带领着几个学生到野外去春游。学生们从封闭的书房里走出来，在充满生机的大自然中自由地呼吸着清新空气，格外高兴，走起路来连蹦带跳。

郑燮与同学们跟着老师，一路谈笑风生，顺着路向前走。

前面是一条小河,河上有一座小石桥。一个学生三步并两步地跑上了小桥。扒着桥栏向下看。突然,他惊叫一声,回头狂奔。老师与同学都很纳闷,不知出了什么事。

这个学生气喘吁吁地跑到老师面前,惊魂未定地对老师说:“桥下漂浮着一具女尸,吓死人了!”

老师马上问道:“真的吗?”

“真的,就在桥下面。”这个学生用手指着桥,又重复了一句。

“快,我们去看看。”老师带着学生快步走上小桥。往下一看,果然有具女尸,上身穿着粉红色的衣裳,下身系着嫩绿色的裙子,仰面朝天,散乱着的黑发随波流动。

老师惊异地说:“哎呀!这可是人命关天啦!快去前面村里,告诉他们来处理这具女尸。”老师对两个稍大一些的学生说:“你们快去跑一趟,我们在这里等候。”

两个学生跑着离开了。剩下的人也走下桥来。老师一边走着一边不停地说:“可惜,真可惜。”惋惜之情,溢于言表。忽然,这位老师来了灵感,于是口占一首诗:

二八女多娇,风吹落小桥。

三魂随波转,七魄泛波涛。

这首小诗,对仗工整,耐人寻味,充满着痛惜的感情。

学生们听了,纷纷称赞老师的诗写得好。唯独郑燮没有随声附和,沉思一会,向老师提出了疑问:“老师,您认识这个落水的少女吗?”郑燮问老师。

老师说:“不认识,我怎么会认识她呢。我站在桥上,连她长得什么样子,也看得不怎么清楚。”

郑燮露出一脸的疑惑，对老师说："老师您怎么知道她是'二八女多娇'，刚巧十六岁？"

老师"嗯"了一声，停了一会说："'二八'的意思，只是说她还是青春少女。数字在诗中，有时只是个虚数。李白诗中的'白发三千丈'，'桃花潭水深千尺'，这些数字都是虚数。"

郑燮又追问一句："李白诗中的'五岁诵六甲，十岁观百家'，这里的岁数是不是也是虚数？"

老师笑了，说："这个岁数，应该是实数，这样，更近乎情理一些。"

郑燮点了点头，又问："您说这个少女是'风吹落小桥'，您怎么能断定落水者是被风吹落到桥下，水淹致死的呢？"

老师这下被问住了，无言以对。老师心里想，是啊，说她被风吹落桥下，是否武断了点。再说，春风轻拂，吹人落水，也不大可能，看来这首诗有漏洞。

老师很喜欢小郑燮独立思考的精神，就笑着对学生们说："这首诗还需要推敲推敲。这样吧，我们一起来修改一下，看看怎样修改，才更加合情合理些。"

几个学生七嘴八舌，你一言，我一语，谁也没说出个名堂。老师对站在一旁沉思的郑燮说："依你看，如何修改更好一些？"

郑燮对老师笑笑说："我想这样改，不知行不行，还请老师再推敲推敲。"说着便吟道：

谁家女多娇，何故落小桥？
青丝随波转，粉面泛波涛。

老师听后，又低头诵了一遍，然后说："这样一改，韵味没有变，但合情合理多了。"

同学们也附和着说："改得好。"

一个十来岁的学生竟为老师改诗，实属罕见。

后来，郑燮考中进士，到山东潍县等地当过县令。他为官多有惠政，同情社会下层人民。他为官清正廉明，两袖清风，体恤民情，老百姓有口皆碑。他曾写过一首诗："衙斋卧听萧萧竹，疑是民间疾苦声。些小吾曹州县吏，一枝一叶总关情。"表达了他为官一任，心系下层老百姓的真挚情感。

第

51

则

戴震问倒先生

戴震，字东原，安徽休宁（今安徽休宁）人。在清代学术史上，戴震是个赫赫有名的大学者。戴震知识渊博，多才多艺，精通天文历算、史地、音韵、训诂、考据，特别是对经学、语言学的贡献巨大。戴震一生笔耕不辍，著作宏富，凡是他所涉足的领域，都有精深研究，独到见解。

戴震一生能够获得如此之高的成就，得益于他勤奋钻研、善于思考的个性。凡事都有来龙去脉，把事情的来龙去脉弄清楚，是戴震治学的鲜明个性，这种个性表现在他成年之后，但却是发端、形成于幼年时代。

戴震自幼聪明异常，尤其他那对明亮、仿佛会说话的大眼睛，给人的印象特别深刻。但戴震在十岁之前，一直不会说话，差一点被人当成哑巴。

十岁开始说话后，戴震随即被送入私塾接受启蒙教育。他的私塾先生，有几十年的学馆教学生涯，有诲人不倦的极好耐心，形成了循循善诱、因材施教的教学方法。

戴震入学后，简单的蒙学读物如《三字经》、《幼学琼林》、《千字文》，都是过目成诵，点到即懂。入私塾仅一两个月，便学完了别的小孩几年还学不完的课程。

接着老师教他学习四书，即《大学》、《中庸》、《论语》和《孟子》。这四本书是由宋代理学家朱熹，博采历代诸贤注解的长处，重新注释、编定的。在明清时期，四书是八股取士的必考科目，因而备受社会重视。戴震十岁开始读四书，便是为今后参加的科举考试做准备。

人们一直认为，《大学》、《中庸》，都是孔子的话，经过他的学生曾子的发挥，由孔子的孙子子思记载下来，似乎，这已成了定理。

但一个十岁的小孩，却对此产生了疑问。

一天，戴震对老师说："请问先生，您说《大学》、《中庸》是孔子所说的话，而孔子说的原话，是怎么流传下来的？"

老师回答说："孔子的话，由曾子加以阐述、发挥，再由曾子的学生子思记载下来的。"

戴震追问道："怎么就知道是经过曾子发挥，而由子思记载下来的？"

老师怀着崇敬的心情对戴震说："是大理学家朱熹说的，这还能有怀疑？"

戴震进一步地问道："朱熹是什么时候的人？"

"朱熹是我们的婺源大同乡哩。他是南宋理学的集大成者，孔孟的再生，孔孟的化身。他说的话，是最高的权威，至今还没有人怀疑过。"老师对朱熹，显然是崇拜得五体投地。

戴震"噢"了一声,又继续说道:"朱熹是宋代人,孔子、曾子是春秋时期人。孔子、曾子要比朱熹早一千好几百年哩! 既然相距这么久远,朱熹又怎么能判定,这是由孔子说、曾子发挥、子思记载的呢?"

戴震这么一问,老师也支支吾吾的,竟完全回答不出来了。

老师从来没有考虑过这个问题,老师的老师就是这么说的,书本上也是这么记的,从来还没有人对这个问题产生过任何怀疑。

停了一会,老师对戴震说:"我从来没有考虑过这个问题,你能大胆地提出疑义,向老师提出这个问题,说明是学习、思考结合起来了,是一件好事。读书就是要提出疑问,从有疑到无疑,你的知识就长进了。学习也不要怕问老师、问别人,只有多问,才能知道事情的原委。学问、学问,要学要问嘛。不过,这个问题,我也无法回答你了,别人也回答不了你。你以后掌握的知识多了,你就可以把问题的来龙去脉弄清楚了!"

戴震点了点头,似乎从老师的话中,悟出了学问的道理。从此戴震带着许许多多的疑问,闯入学术领域,后来成为清代有名的考据大师。

第

52

则

少年史家练恕

中国的史籍浩如烟海，人们要想在史学领域有所建树，通常要寒窗苦读数十年。青少年要想在史学界崭露头角，更是十分困难。然而，清代道光年间，却出现了一位史学神童——练恕。

练恕，生于道光元年(1821 年)，父亲练廷璜在江浙一带任地方官。练廷璜能诗善文，颇具文史功底。公务之余，则以教子读书为乐事。

练恕早慧早熟，四岁起，他在父亲指导下读《三字经》、《千字文》，但只用了短短的几天工夫，便能闭目成诵，烂熟于心。父亲任意从中间开个头，练恕便能十分流畅地背下来。

父亲又继续教他学习经学，练恕两年时间，又读完了《诗经》、《礼记》、《尚书》、《五经》等。接着，练恕自己攻读《史记》、《汉书》等史学著作，又攻读《庄子》、《韩非子》等诸子百家之书。

一个稚气未脱的小孩，如此刻苦好学，十分难得。更为难得的是，练恕在读书中善于思考，勤于动笔。他像个训练有素的学者，一遇到有疑问的地方，马上记下来，对照和参考其他书籍，寻找答案，不考究个清清楚楚，从不罢手。周围的人都称他为"神童"。

天才与勤奋使练恕的学习效果大大超出常人，尤其是汉唐史学的功夫，远为一般学者所不及。一天，练廷璜与一些同僚有意考考他，练廷璜问练恕："西汉田蚡被封为武安侯，是汉景帝还是汉武帝封他的？"

练恕从容回答说："《史记》上记为汉景帝后元三年（公元前141年）封，似乎是汉景帝所封，实际是汉武帝所封，田蚡是汉武帝的舅舅。这一年景帝死，武帝继位，但没有改年号。《汉书》对这件事有记载。"

练廷璜翻了一下放在边上的《史记》、《汉书》，果然不错。

一位同僚又问："《史记》将张汤收入《酷吏传》，《汉书》将张汤收入列传，不知是为什么？"

练恕回答说："司马迁把张汤收入《酷吏传》是对的。张汤的子侄位列公卿的很多，班固把张汤放入列传，是讨好张汤后代。"练恕顿了顿，又说："这是班固不及司马迁的地方。"

练恕有问必答，并且将问题的来龙去脉说得清楚准确，丝毫不差，令父亲的同僚惊叹不已。

一次，练廷璜把五代后唐刘昫的职务说成是"司徒"，练恕立即指出，不是"司徒"，应是"司空"。练廷璜不信，马上拿《五代史》来检索，果然如练恕所说。

见识多了，积累多了，对一些问题也有了自己的看法。于是从十一岁起，练恕开始了辛勤的笔耕。练恕的兴趣在于钩沉和考证史实。因此,他侧重于史书志、表的研究。

练恕的代表作有:《后汉公卿表》,按年排列东汉公卿大臣的职务、姓名,以及升迁、死亡的时间、地点。此书搜考精审,条理清楚。《五代地理考》,以清代府厅行政区划为目,逐条考述五代的地理沿革,纲目清晰,言简意赅。《北周公卿表》、《西秦百官表》,这两本书都以年月为经,以职官姓名为纬,分别序列北周、西秦两朝公卿百官的变迁。《明谥法考》,按类详列明代人的谥号、姓名,是一部检索《明史》人物的工具书。

这几本书,都是练恕在十六岁以前完成的。十六岁时,练恕不幸感染了肺病。清道光十八年(1838 年)五月,因肺病不治而死于他父亲任所的上海县衙署。练恕过世时,他的案头又积下了一寸多厚,尚未整理成文的笔札。

练恕的著作,后来由他的父亲辑集为《多识录》。全书四卷,洋洋数十万言。其中有四种史学著作被收入《二十五史补编》中。练恕的名字,赫然与钱大昕、万斯同等史学大师的名字并列在一起。此外,练恕还写了一些考史、论史的文章,对一些人物、事件,持论公允,成一家之言,其文笔老练,很有独到见解。

练恕的著作、文章,体现了他驾驭史料的深厚功底,又闪烁着智慧的火花。

图书在版编目(CIP)数据

少年智谋52则 / 陆荣著. —合肥：黄山书社，2014.5
(传统智慧丛书)
ISBN 978-7-5461-4464-1

Ⅰ.①少…　Ⅱ.①陆…　Ⅲ.①谋略-中国-古代-少年读物　Ⅳ.①C934-49

中国版本图书馆CIP数据核字(2014)第074112号

出 品 人　任耕耘
总 策 划　王亚非
整体设计　汤吟菲　朱莉莉
项目统筹　朱莉莉
责任编辑　朱莉莉
装帧设计　未　氓
出版发行　时代出版传媒股份有限公司(http://www.press-mart.com)
　　　　　黄山书社(http://www.hspress.cn)
地址邮编　安徽省合肥市蜀山区翡翠路1118号出版传媒广场7层 230071
印　　刷　安徽新华印刷股份有限公司
版　　次　2015年1月第1版
印　　次　2015年1月第1次印刷
开　　本　700mm×1000mm　1/16
字　　数　300千
印　　张　11.75
书　　号　978-7-5461-4464-1
定　　价　21.00元

服务热线　0551-63533706
销售热线　0551-63533761
官方直营书店(http://hsssbook.taobao.com)